„Das Höchste Bewusstsein lebt auch innerhalb der Begrenzungen unbegrenzt, besteht doch kein wirklicher Unterschied zwischen Objekt und Subjekt. In allem erlebt es letztlich nur sich selbst - so wie es eben gerade ist.“[1]

[1] Hennigs, Ulrich (2005). Paratrishika. Die höchste Gottheit der Drei. Spiritualität und transzendente Bewusstseinszustände am Beispiel eines Tantras S. 58. Norderstedt: BOD.

No & Name

German
Guru
G-Punkt
Erleuchtung

Nach einer wahren Begebenheit
auf einem Retreat in der Toskana

Autor: No & Name
Umschlaggestaltung:
No & Name
aus Fotolia: 71844913 - water drop
© Constantinos
Illustration:
chicasso by Ursel Lotze
Grafische Gestaltung: Mirko Siemer
Lektorat: Dr. Hendrik Lambertus

Verlag: tao.de in J. Kamphausen Mediengruppe GmbH, Bielefeld
ISBN: 978-3-95802-748-0 (Paperback)
ISBN: 978-3-95802-749-7 (Hardcover)
ISBN: 978-3-95802-750-3 (e-Book)
Printed in Germany

Die Namen aller in diesem Buch vorkommenden Personen und die genannten Orte sind geändert worden. Für die im Text zitierten Liedtexte liegt eine Abdruckgenehmigung vor:

Inhalt

Vorwort

Betrachten wir das allumfassende Eins-Sein aufgespalten in eine unermessliche Vielzahl von Einzelentitäten, so erscheint es uns als ‚göttliches Spiel'. In seiner dualen Form teilt es die Sinnenwelt in ein betrachtendes Subjekt und ein davon losgelöstes Objekt auf. Daraus ergibt sich ein breites Spektrum menschlicher Erfahrungshorizonte. So auch in der New-Age Szene. Durch Zufall sind wir Autorinnen auf einige bedenkliche Auswüchse des zunehmenden Erleuchtungshypes gestoßen, konkret handelt es sich dabei um die gewinnbringende Ausbeutung spiritueller Bedürfnisse. Als Teilnehmerinnen eines glückverheißenden Retreats kamen wir in Kontakt mit einem deutschen Guru, der sich virtuos als Erleuchteter zu vermarkten versteht. Seine Jünger huldigen ihm als Meister und unterwerfen sich ihm bedingungslos. Durch die Macht seiner Ausstrahlung und den geschickten Einsatz spiritueller Gemeinplätze forciert er seine Schüler in ein selbstverleugnendes Abhängigkeitsverhältnis.

Beruhend auf einer wahren Begebenheit erzählen wir die Geschichte unserer Begegnungen mit dem Guru und seinen ergebenen Schülern. Was als Aufbruch zu einer meditativen Reise begann, wurde zu einer Ansammlung von irritierenden Erfahrungen mit einem totalitären System innerhalb einer kommerzialisierten spirituellen Gemeinschaft. Als zwei Neuankömmlinge im Umfeld des Meisters erfuhren wir eine Reihe von befremdlichen Erlebnissen, transzendenten Abenteuern und widersprüchlichen Gefühlen. In der Auseinandersetzung mit diesen Eindrücken entstand eine magische Frauenfreundschaft während eines unvergesslichen Sommers in der Toskana!

In unserer Darstellung wollen wir diesen deutschen Guru als Mr. Nice Guy bezeichnen und der Einfachheit halber im Text die Initialen „N. G." verwenden. Zum Schutz vor den Nachstellungen der Anhängerschaft erscheinen wir mit unseren frei gewählten spirituellen Namen „no" (Lena) & „name" (Kiki). Halten wir es einfach so, wie der Guru es postuliert: Alles, was Sie sehen, ist eine Projektion Ihrer selbst ... Was Sie hier lesen, könnten auch Sie geschrieben haben.

Möge unsere Identität in der unendlichen Schöpfung des göttlichen Namenlosen aufgehen.

Kapitel 1 – Gebuchtes Glück

„Der Fluss und seine Wellen sind eine Flut;
was ist der Unterschied zwischen dem Fluss und seinen Wellen?
Wenn eine Welle sich erhebt, ist sie das Wasser,
und wenn sie fällt,
ist sie wieder das gleiche Wasser.
So sagen Sie mir, mein Herr,
wo ist der Unterschied?
Nur, weil sie Welle genannt wird,
soll ich sie nicht mehr als Wasser betrachten?“[2]

Die Menschen leben durch ihre Gewohnheiten. Sie gehen gewohnheitsmäßig Morgen für Morgen zur Arbeit, treffen gewohnheitsmäßig dieselben Leute, gönnen sich gewohnheitsmäßig dieselben Vergnügungen ... Krishnamurtis Erwägungen gehen mir durch den Kopf. Während schon wieder Regentropfen gegen die Fensterscheiben prasseln, sitze ich gedankenverloren in meiner Praxis am Schreibtisch. Noch vier Wochen! Ein Blick auf meine Agenda zeigt mir den Countdown bis zum Urlaubsbeginn. Eigentlich sollte ich die heutigen Therapiesitzungen vorbereiten, aber jetzt schieben sich Bilder von karibischen Stränden in meine Gedanken. Hingebungsvoll rekel ich mich in einer Hängematte unter Palmen und genieße den warmen Wind

[2] Troll, Pyar Franziska (2000). Reise ins Nichts. Geschichte eines Erwachens. Nach Bly, Robert (1993). The Kabir Book. Forty-Four of the Ecstatic Poems of Kabir. Boston: Beacon Press.

auf meiner Haut. Dazu umströmt mich der Sound von Reggae-Musik, als plötzlich aus dem Nichts strahlende Rastafari auftauchen, die mir ... „Namaste!"[3] tönt es dissonant dazwischen. Völlig unkaribisch! Wie aus heiterem Himmel erscheint Miro im Türrahmen. Mein Liebster hat es sich auf einem meditativen Wochenende gut gehen lassen und steht jetzt, auf indisch getunt, erleuchtungsgleich grinsend vor mir. „Gute Neuigkeiten!" Theatralisch wedelt er mit einem Zettel herum. „Ich habe die Lösung!" Seine Heiterkeit schwappt wie eine La-Ola-Welle auf mich über „Wofür, sweetheart? Den Eintritt ins Krishna-Bewusstsein?" „Ganz genau und alles in deinem Urlaub. Was hältst du von drei Wochen Auszeit mit einem wahren Guru?" Seit Tagen überlege ich, wo es in den Ferien hingehen soll. „Was? Ist das der neue Trend? Zeig her!" Im Zeitlupentempo kommt mir seine Hand mit dem Blatt entgegen. Laut lese ich die Notiz: „Sweet life." Darunter in Großbuchstaben eine Internetadresse. Noch kapiere ich nichts. „Worum geht es denn da?" Miro nimmt sich Zeit und genießt dabei meine gespannte Neugier. „Meditative holidays. Motto: S w e e t l i f e!", erklärt er langgezogen. Mehr nicht. „Süßes Leben?" Den Slogan hinterfrage ich. „Sì."Der Gute ist begeistert: „Tutto in bella Italia, in der wunderschönen Toskana!" „Okay ...?", frage ich vorsichtig. Enthusias-

---

3 Sanskrit: Verehrung sei dir. Ein Gruß unter Hindus in Asien, auch als spirituelle Ehrerbietung verwendet.

tisch fährt er fort. Es handele sich um ein dreiwöchiges Retreat mit einem deutschen Guru, Mr. Nice Guy, der in spirituellen Kreisen zunehmend an Bekanntheit gewinnt. Auf Miros Meditationsseminar schwärmten Anhängerinnen über diesen weisen Mann in höchsten Tönen. Der Guru sei ein Meister des Advaitas. Er repräsentiere unbegrenzte Freiheit und lebendigen Frieden und habe eine besonders mitfühlende Art diese Stimmung zu vermitteln. Es heißt, dass er der Begründer einer eigenen Yoga-Meditationsform sei. Während Miro beschwingten Schrittes mein Arbeitszimmer verlässt, muss er mich noch beiläufig wissen lassen, dass diese spektakulären Angebote momentan der Renner bei allen seien, die sich danach sehnen, den Zwängen des hektischen Alltags zu entfliehen. „Und außerdem lernst du den Erleuchteten, Mr. N. G., und seinen Weg zu Liebe und anhaltendem Glück auch noch persönlich kennen!"

Ich bin neugierig. Jamaika, Bahamas, ade! In der Mittagspause recherchiere ich. Die ‚Sweet life'-Werbung im Internet spricht mich sofort an: jungbrunnenvitale, lachende Frauen und Männer in einer mediterranen Lavendelblütenlandschaft, miteinander tanzend, sich umarmend, meditierend. Die Umgebung schmückt ein farbenfroh-sonniges Seminargebäude im toskanischen Landhausstil aus natürlichem Holz und Stein mit einer Sauna und Pool-Oase. Vier Einzel- und sieben Doppelzimmer sind in warmen, schmeichelnden Tönen gehalten, sie erscheinen ausgesprochen großzügig, nahezu luxuriös. Insgesamt ein paradiesischer Ort der Vollkommenheit! Zum Essen werden vollwertige vegetarische und vegane Menüs angepriesen. Es soll ausschließlich frische Bio-Produkte geben, Obst und Gemüse aus kontrolliert ökologischem Anbau in der Region. Die Krönung des Angebots sind frühmorgendliches Yoga und ein zweimal täglich stattfindender Satsang[4], der von dem gepriesenen Guru höchstpersönlich begleitet werden soll.

Drei Sonnenwochen lang Körper, Geist und Seele baumeln lassen und spirituell-philosophische Diskurse mit einem erwachten Meister teilen - das muss der Hammer sein! Eine erholsame Auszeit im Urlaub kann ich auf jeden Fall gut gebrauchen. Umso interessanter, wenn diese eine transzendentale Erfahrung verspricht. Ich bin angefixt! Auf der in warmen Orangetönen gehaltenen Homepage des erleuchteten Gurus entdecke ich noch weitere faszinierende Angebote. Die prachtvollen Bildmotive sind anziehend und verlockend. Es gibt Einladungen zu Meditationserfahrungen an verschiedensten Orten, sogar auf der Blumeninsel Bali. Eine atemberaubende Insel, die sich zunehmend zum Mallorca spirituell Suchender entwickelt und vermutlich Goa endgül-

[4] Sanskrit, sinngemäß: In Wahrheit zusammen sein. Satsang bezeichnet eine Zusammenkunft von Menschen, die miteinander spirituelle Praktiken wie die der Meditation ausüben. In der Regel wird ein Satsang von einem spirituellen Lehrer angeleitet.

tig ablösen wird. Mr. N. G. scheint ein vielbeschäftigter Mann zu sein und den Trend der Zeit zu spüren! Als Abschluss des Retreats wird dann noch das Jahresfest des Meisters angekündigt. Es heißt ‚Guru Purnima'. Eine indische Tradition, bei der der spirituelle Lehrer gewürdigt und gefeiert wird. Ok, warum nicht, denke ich mir, man ist ja schließlich offen für neue Erfahrungen!

Während ich tranceartig in meinem Urlaubsrückzugstraumprojekt immer mehr versinke und mich in der Phantasie von überdimensionalen, toskanischen Schmetterlingsflügeln umschmeicheln lasse, reißt mich jäh das Türschellen in die windige norddeutsche Tiefebene zurück. „Moin, moin!" Der Nachbar Jan von gegenüber bittet mich, mein Auto wegzustellen, weil er mit seinem ollen Trecker nicht vorbeikommt. „Klar, wird erledigt!", antworte ich ihm mechanisch. Meine Nachbarschaftstreue ist nur eine von unzähligen Anpassungen im sozialen Gefüge. Ich funktioniere. Draußen ist es nasskalt, obwohl es bereits Juni ist. Bibbernd laufe ich zum Auto. Das Motorengeräusch des Treckers vertreibt brutal die letzten psychedelisch-bunten Toskana-Zitronenfalter. Während Jan fröhlich winkend an mir vorbeirattert, ist mein Entschluss gefasst. Ich setze mich an den Rechner, um zu buchen, und reserviere geradewegs mein ‚Glück' - wie es mir wortwörtlich im Internet versprochen wird. In achtundzwanzig Tagen werde ich dem legendären Guru in der Toskana begegnen!

Die Zeit bis zur Abreise nach Italien und zu dem spektakulären deutschen Guru ist gefüllt mit selbstauferlegten Verpflichtungen. Das Zahnrad dreht sich weiter! Morgens um sechs reißt mich zuverlässig der Wecker aus hektischen Traumsequenzen in die noch hektischere Scheinwirklichkeit des Alltäglichen. Rund um die Uhr bin ich bemüht, in der Gegenwart zu bleiben, um mich im Samsara nicht zu verlieren. Ich bleibe busy! Meine Gedanken eilen immer mehr ins italienische Retreat voraus und bis zur Abreise bin ich damit beschäftigt, ihnen das Hier und Jetzt so angenehm schmackhaft wie möglich zu machen.

Kapitel 2 - Aufbruch in die Glückseligkeit

„Lo viso mostra lo color del cuore."[5]

Endlich, der erste Urlaubstag! Gestern Abend las ich zufällig im Orangenen Buch von Osho: „Von Zeit zu Zeit musst du dich ausruhen und Urlaub machen."[6] Das gilt zwar der Mühe der meditativen Konzentration, doch ich nehme es einfach als gutes Omen für den Start der kommenden Ferienzeit. Während Miro seine vielbewährte Fünf-Uhr-Morgens-Meditation praktiziert, bringen mich meine beiden bereits erwachsenen und bezaubernden Töchter in der Morgendämmerung zum Flughafen. „Wo ist deine Handtasche?", fragt mich die Ältere müde gähnend beim Aussteigen. „Brauche ich nicht", antworte ich klar und überzeugt. „Alles, was ich von nun an benötige, ist im Koffer. Ich bin auf einem spirituellen Rückzug, da bedarf es nichts. Das Glück ist konsumlos." Die beiden blicken sich schweigend und mit hochgezogenen Augenbrauen an. Auf telepathische Art und Weise verstehen die sich gerade ziemlich gut. Von meinen kopfschüttelnden Töchtern wandert mein Blick auf die Plakate am Flughafen. Bei der fetten Re-

---

[5] „Dein Geist zeigt die Farbe deines Herzens." Dante, Alighieri (Dichter und Philosoph, 1265-1321; Übersetzung der Verfasserinnen).

[6] OSHO. (2012). Das Orangene Buch. Die Osho Meditationen für das 21. Jahrhundert (17. Aufl.) (P. Nirvano, Übers.) Köln: Innenwelt Verlag GmbH. (Originalarbeit erschienen 1989).

klame „Sonne pur“ reagiert mein limbisches System ... Aufschrei: „Mist, ich habe die Sonnenbrille auf dem Dielenschrank vergessen. Ohne geht nicht!“ Die Mädels glucksen und kichern. „Die Zahnpasta habe ich auch nicht eingepackt“, kommt mir noch dazu in den Sinn. „Versuch's doch ohne“, schlägt die Jüngere vor. „Ist doch auch 'ne coole Grenzerfahrung.“ Auf einen gewissen Elementarkomfort kann ich nun wirklich nicht verzichten. Also wird beides noch schnell im Airport-Shop besorgt. Ohne Frage trägt mein hektischer Last-Minute-Einkauf zur zunehmenden Wachheit und Erheiterung der Mädels bei. Die Zeit wird knapp. Eine schnelle und herzliche Verabschiedung. Tausend Küsse werden hin- und hergeworfen. Dann einchecken. Die Angestellte der Fluggesellschaft treibt mich an: „Beeilen Sie sich!“, und zeigt dabei auf den ausgeschilderten Ausgang. Über einen verwinkelten Treppenbereich geht es hinunter in Richtung der Boeing-707. Draußen regnet es mittlerweile in Strömen. Auch das noch! Das Sicherheitspersonal, unter signalfarbenen Regencapes, dirigiert uns über das eingezäunte, nasse Rollfeld. Gänzlich durchnässt steige ich in den Flieger. Meine Haare kleben am Gesicht, die Kleidung am Körper. In der Maschine herrscht Tumult. Handgepäckstücke werden hin- und hergereicht. Die Plätze im Economy-Bereich sind schon alle belegt. Hier geht es nach dem Motto: First run, first seated. „Und was nun?“, frage ich die Flugbegleiterin angespannt und ratlos. „Kommen Sie bitte mit", lädt das Fotomodell in blauer Uniform mich gekonnt höflich ein. Professionell bewegt sie sich durch den schmalen Gang. Gehorsam folge ich der Schönen Richtung Business-Bereich. Die zweite Sitzreihe ist komplett frei. Hier bleibt sie stehen und bittet mich, Platz zu nehmen und es mir gemütlich zu machen. Dann reicht sie mir ein Tuch, um mich abzutrocknen, und eine leichte Decke zum Aufwärmen. Ein Steward kommt hinzu und bietet mir galant ein Begrüßungsgetränk an. Luxus versus Askese! Die Beinfreiheit hier ist der pure Genuss. Ein Gratis-Upgrade gleich zu Beginn der Reise - himmlisches Glück, genau wie gebucht! Selig nippe ich an meinem O-Saft.

Nach dem Start versinke ich unversehens in schlummernde Zwischensphären. Unterdessen legt der Flieger von Norddeutschland nach Rom eine enorme Distanz zurück. Erst als die sanfte Stimme der Flugbegleiterin den Landeanflug ankündigt, blinzel ich gedankenverloren aus dem Fenster. Unter uns erstreckt sich eine märchenhafte Hügellandschaft. Wie zart und völlig vollkommen die Welt von hier oben aussieht. Mit einem Mal ist das Panorama von Rom sichtbar und auch der Tiber, der sich gleichmütig in seinen jahrtausendealten Bahnen schlängelt. Der Flusslauf ist umgeben von unzähligen Kuppeln, Kirchen und Palazzi. Stolze Gebäude und Ruinen schmücken neben modernen Zweckbauten wie selbstverständlich die geschichtsdurchtränkte Stadt.

Nach einer sanften Landung kommt das Flugzeug wenige Minuten später am vorgesehenen Gate zum Stehen. Strahlender Sonnenschein begrüßt uns teutonische Ankömmlinge in bella Italia. Va bene!

In der Ankunftshalle muss ich nicht lange auf den Koffer warten. Die ersten Blicke, die mir die Zollbeamten zuwerfen, spiegeln das südländische Feuer Italiens wieder. Eines können die tiefbraunen Augen italienischer Männer besonders gut: Sie geben einer Frau die Gewissheit, sie sei etwas Einzigartiges. Und dann erst ihre Komplimente! „Dein Vater ist ein Dieb. Er hat die Sterne vom Himmel geklaut und sie in deinen Augen versteckt." Unübertrefflich kitschig, aber irgendwie kann frau sich in Italien immer begehrenswerter fühlen als in anderen Ländern. Sì, hier ist ein anderer Pulsschlag der Lebensfreude zu spüren! Schon jetzt fange ich an, ihn zu genießen.

Wie komme ich am besten zum Hauptbahnhof Roma Termini? Im Internet hat man einen Bustransfer vorgeschlagen. Mit englisch-italienischen Satzfetzen erfrage ich draußen den Abfahrtsplatz des Busses. Rechts herum, dann über die Straße und schon warte ich mit anderen Reisenden auf l'autobus numero 7. Es ist bereits unglaublich heiß. Die frisch angekommenen Nordeuropäer erkennt man daran, dass sie aus Taschentüchern Kopfbedeckungen improvisieren und gelegentlich ihre Wasserflaschen verzweifelt über sich ausgießen. Überall glänzen Schweißperlen. Und das um neun Uhr morgens!

Langatmige fünfzig Minuten später geht es los. Neben mir sitzt eine nette Engländerin, die zum ersten Mal in Rom ist. Die Lehrerin sei of course wissbegierig auf die Sehenswürdigkeiten Italiens. Schon deutet sie auf eine imposante Kirche und ich frage den Busfahrer, hinter dem wir sitzen, im gebrochenen Italienisch danach: „Che valigia è?" Errötend fällt mir sofort mein Sprach-Missgeschick auf. Ich habe die Kirche zum Koffer gemacht und stelle mir die Basilika prompt mit praktischem Tragegriff auf dem Dach vor. „Questa la basilica di Santa Maria sopra Minerva", antwortet mir der italienische Charmeur wohlwollend schmunzelnd. „Grazie", erwidere ich. „Fa cinque Euro, das macht fünf Euro", kontert er. „Dieci Euro", biete ich und lege damit fünf drauf. Er rattert von nun an grinsend alle vorbeiziehenden Sehenswürdigkeiten atemlos herunter und erzählt uns vom Pantheon, dem Kolloseum und dem Trevi-Brunnen. Beim Anblick der marmornen Meeresgötter, die sich im Wasser tummeln, muss ich sofort an Fellinis Film ‚La dolce vita' denken. In einer der bekanntesten Szenen der Filmgeschichte nimmt Anita Ekberg hier ein nächtliches Bad. Herrlich, in der Selbsterfahrungsbranche wäre das ein toller Workshop. Motto: „Befreiende Quantensprünge in den Trevi-Brunnen! Eine Inspiration zur Erlangung fundamentaler Lebensfreude."

In heiterer Stimmung kommen wir am Bahnhof an. Draußen ist es noch heißer geworden. Allgemeines Gestöhne! Direkt nach dem Aussteigen stolpere ich in ein Fiasko aus durcheinandergewürfelten Koffern, umherirrenden Reisenden und auf Touristen angesetzten Händlern. „Aqua minerale, aqua minerale“, krakeelen sie und bieten verführerisch-kühle Erfrischungen an. Ein komplettes Kuddelmuddel! Ich kämpfe hart, ergattere schließlich nur leicht verwundet meine Koffer und eile triumphierend davon. Dem gebuchten Entschleunigungs-Nirvana hetze ich immer näher und betrete mit hochrotem Kopf den Bahnhof Roma Termini. Jupiter sei Dank, das Bahnhofsgebäude ist klimatisiert. Wie groß das Gelände ist. Hier befinden sich zahlreiche Bars, die Kaffee mit heißer oder kalter latte, wenig oder viel Schaum anbieten, und natürlich den frisch gepressten Orangensaft, den spremuta d'arancia. Ich entdecke typische ristoranti und trattorie sowie gewöhnliche Fast-Food-Ketten. Und dann eine beträchtliche Shopping-Area. Mein Zug fährt erst in eineinhalb Stunden. Also vertreibe ich mir die Zeit.

… und – Zack! - hat mich die Matrix der Konsumgesellschaft in ihren Bann gezogen. In einem schicken Laden entdecke ich rein zufällig eine superedle Handtasche. Der kann ich nun wirklich nicht widerstehen! Ich mache sie, aller asketischen Bemühungen zum Trotze, zu meiner Begleiterin. Wenn das meine Töchter wüssten.

Nur nach wenigen Stunden werde ich dem verkündeten Konsumverzicht bei der ersten Versuchung untreu. Auch egal. Meine Augen schweifen überreizt umher! All die zum Verkauf angebotenen, oftmals unnützen Güter rufen mich, fast unhörbar flüsternd, jedoch laut genug. Alle wollen sie nur eines: meine vollkommene Aufmerksamkeit. Was für eine profitorientierte Hypnose! Glitzernde Ketten, Sommerkleider, Hüte, Sonnenbrillen, betörendes Parfum. Weltliche Besitztümer in Hülle und Fülle … Und da ein paar entzückende, original-italienische Schuhe. Handgemacht! Ich ringe mit mir hin und her, gehe auf und ab, ziehe sie an und wieder aus, hole sie aus dem Regal – stelle sie wieder zurück. Ein Blick auf die Uhr. Damit sind die Würfel gefallen - tapfer entsage ich! Schnell zum Zug! Schließlich siegt die auf dem Weg zur Entschleunigung eilende Asketin über die Konsum-Dämonen. Immerhin will ich der weltlichen Eitelkeit und Betäubung auf dem Retreat entkommen! Raus aus der Versklavung in der Welt der Symbole – raus aus dem Strudel des Arbeitens, Geldverdienens, Kaufens ...

Perfetto! Befreit von den verheißungsvollen Trugbildern sitze ich im Schnellzug der Trenitalia, einer italienischen Version unseres ICEs. Scherzhaft stelle ich mir die Bahn als Erleuchtungsfahrzeug vor, das mich fort von

Maya[7] hin zur göttlichen Wahrheit befördert. Neben Hinayana, Mahayana und Vajrayana[8] nun auch noch der Treniyana. Per Express und klimatisiert! Wie gut das tut. Der ideale Moment für meinen Geist, um zur Ruhe zu kommen. Doch stattdessen verlangen die überdrehten Neuronen weiterhin nach Ablenkung. Irgendwie komme ich nicht umhin, bereits zu Beginn des Atman[9]-Transits meine soeben erworbene Beute zu bewundern, während draußen noch die Plattenbau-Vororte von Rom vorüberziehen. Plastiktüte auf – Tasche raus. Schön! Aber hat nicht Erich Fromm gesagt, dass der Konsument der ewige Säugling sei, der nach der Flasche schreit? Ach je! Plastiktüte auf - Tasche rein. Also, worum geht's mir überhaupt ... Geläutert blicke ich aus dem Fenster. Wolken ziehen am Himmel vorüber.

Es dauert nicht lange, bis wir die trubelige Metropole ganz hinter uns lassen. Meine Gedanken folgen den passierenden Wolken, Gleichmütigkeit breitet sich in meinem Geist aus. Jetzt zieht und schiebt mich nichts mehr. Pures Wahrnehmen. Von Augenblick zu Augenblick verändert sich die Szenerie draußen. Vereinzelte Ziegen und Schafe grasen auf flachen Weiden. Dann wird es hügelig, Olivenhaine, Weinberge und noch mehr Oli-

---

7 Sanskrit: Zauberei, Illusion, Scheinwirklichkeit.

8 Drei große buddhistische Traditionen: das kleine Fahrzeug, das große Fahrzeug und das diamantene Fahrzeug.

9 Sanskrit: Lebenshauch, Atem. Der Begriff bezeichnet die ewige Essenz des Geistes, der in die Weltseele eingebettet ist.

venhaine. Wie aus dem Nichts zeigt sich plötzlich das marin-grüne Tyrrhenische Meer. Große und kleine Schiffe ziehen in der Ferne vorüber und immer wieder feinsandige Sandstrände, gespickt mit bunt verzierten Sonnenschirmen. Dazwischen unterstreichen erhabene Palmenbäume das südländische Ambiente. Wellen über Wellen rollen gemächlich über das Meer. Seliges Sosein von allem, was ist - Zeitlosigkeit verströmt verschwenderisch ihren Atem.

„Giuncanico, Giuncanico!“ Unter der brütenden Nachmittagssonne erreiche ich den Zielbahnhof in der Toskana. Die Reisenden, die mit mir ausgestiegen sind, entschwinden in alle Richtungen. Ich bleibe alleine am Bahnsteig zurück. Niemand scheint hier auf mich zu warten. Also gehe ich nach vorne zum Bahnhofsvorplatz. Auch hier ist kein Abholer in Sicht. Na gut. Früher hätte ich einen Münzfernsprecher suchen und diesen mit Millionen von Lirestücken füttern müssen. Ein Griff in die neue Tasche, die ich zwischenzeitlich mit diversen Unverzichtbarkeiten gefüllt habe, und mein Handy ist bereit. Ich rufe die Organisatorin des Retreats an. „Sorry, it takes one hour“, bekomme ich zu hören und darf jetzt noch eine Stunde auf den Abholservice warten. Was nun? Hier am Bahnhof gibt es weit und breit nichts und ich bin so müde. Eine Bank unter einem Oleanderbaum ist frei, ein schattiger Platz. Während ich meine Schuhe abstreife, sinke ich langsam ins italienische dolce vita ein und lasse mich betören: Der süßliche Geruch der Blumenvielfalt umschmeichelt mich sinnlich und das endlose Zirpen der Grillen erscheint mir als Willkommensgruß. Im plätschernden Springbrunnen vor dem Bahnhofsgebäude spiegelt sich die Sonne im Wasser. In diesem Moment erreichen mich die melancholischen Klänge eines Gitarrenspielers, der mir gegenüber am Bahnhof sitzt. Der Alt-Hippie spielt John Lennons Friedenssong Imagine. Leise singe ich mich: „Imagine all the people, living life in peace ... You may say I'm a dreamer, but I am not the only one. I hope some day you join us - and the world will be as one ..."

Plötzlich mischt sich Motorenlärm in das Gitarrenspiel. Mein Retreat-Chaffeur fährt in einem ziemlich verstaubten Kleinbus vor. „Benvenuta!", ruft mir der junge Italiener zu, während er aussteigt. Zuvorkommend nimmt er mir den Koffer ab. „Come stai?", will er von mir wissen. „Bene", antworte ich, während er mir die Autotür öffnet. Im Wagen sieht es chaotisch aus. Ich schiebe eine leere Mineralwasserflasche beiseite und verschaffe mir Platz zum Sitzen. Auf der Autofahrt stellt sich Claudio als Sohn der Eigentümerin des Seminarhauses vor. Er lebe dort mit der Familie und helfe seiner Mutter in vielen Belangen. Schwärmend berichtet der herzliche Typ von der beeindruckenden Landschaft, der Jahreszeit, den angenehmen Temperaturschwankungen in den hiesigen Bergen und dem spirituellen Leben am

Seminarort. Langsam kann ich ihm nicht mehr zuhören, bin einfach nur dösig. Nach mehr als zwölf Stunden Reisezeit erreiche ich wie in Trance das ersehnte ‚Sweet life'.

Kapitel 3 - Ankunft im ‚Sweet life' Programm

„Lasciate ogni speranza, voi ch'entrate!"[10]

Claudio biegt von einer Anhöhe aus auf einen Schotterweg ab. Wir nähern uns dem Seminargelände, das verträumt in ein kleines Tal eingebettet ist. Ringsum erstreckt sich eine sanfte Hügellandschaft, bewachsen von üppigen Pinien. Die sattgrüne Pflanzenwelt erscheint unberührt wie in goldener Vorzeit. Märchenhaft! Eine wirkliche Oase der Ruhe. Die Einfahrt erfolgt durch ein imposantes, schmiedeeisernes Tor. Ein Schild mit der Aufschrift „Sweet life" weist uns den Weg. Darunter lockt mit dicken Druckbuchstaben die verheißungsvolle Einladung: „Drop in Freedom!" Vorsichtig und langsam fahren wir den steilen Berg über Serpentinen hinab. Im Schritttempo nähern wir uns allmählich dem Anwesen.

Ich bin froh, dass ich endlich angekommen bin. Völlig ermattet steige ich aus dem Wagen und freue mich auf das Zimmer und eine kühlende Dusche. Flink holt Claudio das Gepäck raus. Schon hat er den schweren Koffer in der Hand und bewegt sich auf das größte von drei Gebäuden zu. „Follow me, signora", bittet mich der hilf-

---

[10] Lasst, die ihr eintretet, alle Hoffnung fahren!" Dante, Alighieri (Dichter und Philosoph, 1265-1321; Übersetzung der Verfasserinnen).

reiche ragazzo, während er eine Terrassentür aufschiebt und ins Haus verschwindet. Schweigend folge ich ihm durch einen dunklen, langgezogenen Speisesaal. „Hei! Ciao tutti!“ Claudios Rufen schallt durch die leeren Flure, doch keiner antwortet. Seltsam. Weil niemand in Sicht ist, machen wir uns auf die Suche nach einem Ansprechpartner. Wir gehen eine Treppe hoch zu einem kleinen Aufenthaltsraum, doch auch dieser ist verlassen. Dann wieder nach draußen. Plötzlich, wie aus dem Nichts, steht eine etwa vierzigjährige Frau in einem langen, weißen Kleid vor mir. Ihre dunklen, welligen Haare umranden ein hübsches Gesicht mit Sommersprossen. „Hi", haucht sie uns an. Oder meint sie: „High“?. Ihr Auftreten wirkt etwas verzögert, wie unter Drogen. „Wie geht's?", fragt sie mich freundlich nickend. „Gut, und dir?", frage ich sie zurück, ohne es gerade wirklich wissen zu wollen. „Prrrriiiiima", entgegnet mir die Berauschte langgezogen. „Gita wird sich gleich um dich kümmern, Liebes.“ Einladend zeigt sie auf eine Sonnenliege und ich nehme ihr Angebot automatisch an. „Iiiiich bin Mohini." Herzlich streckt sie mir in Zeitlupentempo ihre Hand entgegen. „Lena", antworte ich lau händeschüttelnd. Während sie mir von den Annehmlichkeiten des Ortes vorschwärmt, zieht sich Claudio zurück und wartet mit den Koffern in einiger Entfernung. „Dir wird es hier gefallen. Geeeeehhht gar nicht anders!", behauptet sie und schubst mich dabei sanft an. Ätzend. Ich will jetzt eigentlich nur meine Ruhe. Mein Stoßgebet wird, der Göttin sei Dank, zeitnah erhört. Mohini deutet mit einem Fingerzeig nach rechts und flüstert kaum hörbar: „Schau, da kommt Amrita, unsere Yoga-Meisterin." „Welkom in onze wereld. Mooi." Eine attraktive, blonde und stark gebräunte Persönlichkeit kommt dynamisch auf mich zu. „Amrita", stellt sie sich vor und nimmt mich herzlich in den Arm. Mit ihrem Minirock und Blütenbikini-Oberteil wirkt sie jugendlich - trotz sichtbarer Falten im Gesicht. „I care about you. Wo ist dein Gepäck?", fragt sie mich, mit einem deutlich hörbaren Akzent. „Dort drüben." Und ich zeige auf Claudio. „Well, ok! Der Hübsche muss das jetzt in den Wagen packen, weil du unten im Nebengebäude untergebracht bist." So ein Mist. Ich will mich doch einfach nur ausruhen. „Es ist ganz in der Nähe, nearby, ein paar hundert Meter von hier. Sleeping there, activities here." Kurze Ansage von Amrita, die plötzlich auf Englisch mit mir redet. Es stellt sich heraus, dass sie aus den Niederlanden kommt und besser englisch als deutsch spricht. Also früh aufstehen und rechtzeitig losgehen, um den Beginn der Yoga-Stunde um sieben Uhr nicht zu verpassen. Meine Gedanken überschlagen sich. Der Essensraum befindet sich ja ebenfalls im Hauptgebäude. Das bedeutet für mich, auch zu jeder Mahlzeit hin und her zu marschieren. In meiner Erschöpfung empfinde ich die Aussicht auf Wander-Urlaub statt Toskana-Idylle als echt suboptimal.

„Das ist ja ungünstig ...", versuche ich zaghaft, mich zu beklagen. Doch schon taucht eine weitere überfreundliche Blondine neben mir auf. Zuversichtlich säuselt sie mir ins Ohr: „Die Zimmer dort sind viel schöner als hier."

Na dann, zurück in den Wagen. Claudio verstaut das Gepäck, Amrita und ich steigen ein. Schon geht es den Hügel weiter hinunter zum gepriesenen Gebäude. Die zusammengeflickte Straße durch einen Wald mit unebenem, kurvenreichen Verlauf und steilem Gefälle erweist sich als holprig und lang. Sehr lang. Und noch länger. Schon male ich mir aus, mehrmals täglich diese Strecke entlang zu hetzen. Alleine der Gedanke ist anstrengend! Es ist still im Auto. Keiner spricht. Nach einigen Minuten schimmert ein gedrungenes Dach zwischen den Bäumen hervor, wie ein Geisterhaus oder das Refugium eines verrückten Wissenschaftlers. Die Straße ist hier zu Ende. Dahinter nur noch urwaldartiges Gestrüpp. Wieder aussteigen, Koffer auspacken und los geht's. Das Haus, anscheinend ein alter Bauernhof, ist in einem baufälligen Zustand. Ein schwarzer, vernachlässigt-struppiger Hund kommt uns schwanzwedelnd entgegen. Einige Hühner laufen über das düstere Gelände und haben bereits ihre Notdurft hinterlassen. Über einen ungleichmäßig gepflasterten Innenhof gehen wir eine lädierte Außentreppe hoch. Momentan scheinen hier noch keine weiteren Gäste zu sein. Amrita zeigt mir meine Unterkunft. Das gebuchte geräumige Einzelzimmer stellt sich als ein beengtes und dunkles Dreibettzimmer mit Etagenbett heraus. Zusammengewürfelte Möbel im schwedischen Möbelhausdesign füllen den etwa elf Quadratmeter großen Raum. Das Bad erweist sich als Miniaturausgabe, mit winzigem Waschbecken und einer raumfüllenden Toilette. Gardinen und Bettlaken beschreibe ich lieber nicht. Die düstere Stimmung wird von einem auffallend muffigen Zimmergeruch abgerundet. Und dafür habe ich 1800 € bezahlt! Für diese ungemütliche Unterkunft bereue ich schon jetzt meine Ausgaben! Meine Enttäuschung ist unübersehbar! „If someone is sharing your room, you'll receive the difference", erklärt mir Amrita gönnerhaft. Wie war das? Wenn noch jemand hinzukommt, bekomme ich die Differenz gutgeschrieben? Mein Einzelzimmer soll ich teilen? „Das wird nicht so sein!", antworte ich ihr und betone mit Nachdruck: „Weil ich alleine schlafen werde! Außerdem gefällt es mir hier ganz und gar nicht. Es ist alles andere als einladend." Und dann werde ich laut: „Ich möchte ins Haupthaus!"

Amrita blickt mich mit offenem Mund an. Offenbar ist ihr das bei den vielen Veranstaltungen, die sie schon ihren Guru begleitet hat, noch nie passiert. „Well, well ...", brummelt sie vor sich hin. Nachdem wir aus der Dunkelkammer nach draußen gegangen sind, setzt sie sich ratlos auf die brüchige Steinmauer. Ich bleibe lieber stehen. Amrita spreizt beiläufig ihre Beine und verschafft mir einen Blick auf ihren durchsichtigen Stringtanga. Verschämt drehe ich mich zur Seite. „Was machen wir denn da?“, fragt sie mich hilflos. Als ob ich hier die Organisatorin wäre! „Keine Ahnung“, erwidere ich achselzuckend und irritiert. Ich stelle mich darauf ein, wieder abzureisen. Nach betretenem Schweigen kommt endlich eine Reaktion von ihr. „Wait! Ich schaue mal nach, was sich da machen lässt.“ Sie steht auf, läuft den Innenhof hinunter und verschwindet in einem Nebengebäude. Eine kleine Katze streift plärrend auf Futtersuche über den Hof. Unterdessen scheucht Blacky, so nenne ich den schwarzen Hund für mich, in seiner offensichtlichen Langeweile die trägen Hühner auf. In meinen düsteren Phantasien habe ich soeben das Ende der Welt erreicht und stehe kurz davor, von ihrer Scheibe ins endlose Universum zu stürzen. Ob da drüben, hinter den Büschen, schon die Kante ist? Dann fällt mir der Roman ‚Die Wand‘ von Marlen Haushofer ein, in dem die Protagonistin in aller Radikalität von der Zivilisation abgeschnitten wird. Stop it, ermahne ich meinen Geist. Ein Brainstorming mit Plänen für meine Befreiung muss her! Wie kann ich diesem Unterbringungs-Drama entkommen? Erste Idee: sofort abhauen und per Anhalter zurück nach Rom reisen. Soweit an dieser Aussiedlerei jemand vorbeifährt. In der Metropole grase ich dann alle kulturellen Schauplätze ab! Vielleicht treffe ich den netten Busfahrer wieder und er stellt sich mir als Stadtführer zur Verfügung. Zweite Möglichkeit: Ich könnte zu meinen Freunden nach Norditalien fliehen. In ihrer spirituellen Lebensgemeinschaft können sie immer Hilfe und Unterstützung gebrauchen. Abends gibt es Begegnungen am Lagerfeuer mit Musik und Tanz und ihre Öko-Wohnunterkünfte sind kuschelig und heimelig. Oder ich pilgere nach Assisi, so wie im letzten Jahr, um mein soeben beschädigtes Seelenheil wiederherzustellen. Von dort aus werde ich von Kloster zu Kloster wandern und spirituelle Einkehr erfahren. Oder ich entreiße Claudio die Autoschlüssel, schnappe mir den Kleinbus und ... „Ok, my dear!" Ich höre Amrita um die Ecke näherkommen. Also lege ich meine Fluchtpläne vorerst beiseite. „We can change the room with the cook . Wir können das Zimmer mit der Köchin im Haupthaus tauschen." Auch nicht schlecht für das bezahlte Geld. „Hier wollen wir nur dein Glück", entschlüpft es ihrem Mund. Wieso mein Glück? Das gehört doch mir! Hab ich so gebucht. Ist ihr der Freudsche Verdreher aufgefallen? „Claudio!" Amrita ruft den jungen Mann herbei. Wie komme ich aus dieser Nummer raus? Meine Kraftreserven neigen sich dem Ende zu. „Claudio, let's take the suitcase again and drive us back, please." Der Arme muss erneut den schweren Koffer ins Auto laden. Währenddessen schleppe ich mich völlig übermüdet zum Wagen. Wir steigen schweigend ein. Die anfängliche

Leichtigkeit unserer Begegnung ist nicht mehr spürbar. In der verkrampften Atmosphäre auf der Fahrt gären die Eindrücke von der Bruchbude, in der man mich unterbringen wollte, vor sich hin. Unsere Köpfe wackeln hin und her, auf und ab, während wir über die holprige Strecke zurück zum Haupthaus fahren. Auch der positive ragazzo Claudio zeigt kein wirklich entspanntes Gesicht mehr und versucht, sich mit selbst aufgesagten esoterischen Weisheiten in Stimmung zu halten: „Treat everyone as a relative." Behandle alle Menschen so, als wären sie mit dir verwandt. Ich bin mir sicher, dass dieser Typ in mir eine verwöhnte Diva sieht. Auf jeden Fall werden seine spirituellen Konstrukte herausgefordert. „Why not?", antworte ich hoffnungsvoll und erträume den Transport meiner Koffer in einer Elisabeth-Taylor-Suite.

Daraus wird leider nichts. Dafür ist das Zimmer der Köchin, das ich im Haupthaus erhalte, quadratisch, praktisch, gut! Ein kleiner, viereckiger Raum mit zwei Einzelbetten und einem großen Fenster. Ein Bad gibt es nicht. Stattdessen soll ich mir die Toilette und Dusche mit einem weiteren Besucher teilen. Er heiße Nadeen. Resignierend beziehe ich mein neues Schlaf- und Wohngemach. Immerhin fühle ich mich hier nicht so ausgegrenzt wie in der verlassenen Grusel-Kaschemme im Wald am Ende der Welt. Dennoch geht mir die Frage nicht aus dem Kopf, wie die ausdrucksstarken, reizvollen Bilder vom Seminarort im Internet entstanden sind. Ob man für das Foto-Shooting extra eine potemkinsche Toskanavilla aus Sperrholz aufgebaut hat? Ich habe mir diesen Ort völlig anders vorgestellt. Meiner Erschöpfung folgt Gleichgültigkeit. Das Denken fällt mir immer schwerer. Seufz. Welches der beiden Betten nehme ich denn jetzt? Ach, ist auch egal! Willkürlich lasse mich auf die rechte Koje fallen und löse mich in Schlaf auf.

Kapitel 4 - Get together

„Spirituelle Suche kann sehr unterhaltsam sein
und Spaß machen.
Sie versorgt uns mit Hoffnung, sie bietet Sinn und Zweck,
einen Rückhalt gebenden Kreis von Gleichgesinnten,
die Gesellschaft strahlkräftiger Lehrer und Gurus
und nicht zuletzt die Chance,
überschüssiges Einkommen loszuwerden."[11]

Unruhige Gesprächsfetzen dringen von draußen durch das geöffnete Fenster. „Du musst ihm noch die Füße massieren", höre ich eine Frauenstimme energisch sagen. Langsam komme ich zu mir. „Wen soll ich massieren? Wo bin ich überhaupt?" Mechanisch schalte ich die Nachttischlampe an und erkenne meine Absteige wieder. Nee klar, der angekündigte Luxus schwebt im Reich der mayanischen Illusion. Mal sehen, was mich hier noch erwartet. Die Stimmen unter meinem Fenster sind inzwischen weitergezogen. Ich stehe auf, greife nach meinem Handtuch und schlurfe zum Frischmachen. Das Bad auf dem Gang ist in Ordnung, immerhin gibt es ein Klo, Waschbecken und Dusche. Schnell streife ich meine Kleidung ab und lasse sie einfach auf den Boden fallen. Kühlende Wassertropfen erfrischen meine erhitzte Haut. Wie gut das tut! Ich halte

[11] Sylvester, Richard (2007). Erleuchtet – und was jetzt? Von den Freuden und Leiden eines befreiten Bewusstseins. S. 15. München: Lotus Verlag.

mein Gesicht gegen den Wasserstrahl, dann den Hinterkopf, so dass meine langen Haare auch nass werden. Herrlich, als würde die heilige Ganga[12] aus Shivas[13] Stirnlocke auf mich niederprasseln. Das könnte stundenlang so weitergehen, aber irgendwann muss es reichen, leider ist in der Sinnenwelt alles vergänglich. Ausgiebig trockne ich mich ab. Auf meinem Zimmer hülle ich meine Haare in einen Turban. Was gibt es jetzt zu tun? Natürlich auspacken. Dazu muss ich als Erstes den schweren Koffer auf das Bett wuchten. Geschafft! Ach du gütige Göttin, wer hat den denn so voll gepackt? Und der Schrank ist zu klein. Also lasse ich einiges einfach im Koffer und schiebe ihn unter eines der Betten. So. Wie kann ich aus dieser Zelle eine gemütliche Schlafstätte machen? Meine bunten indischen Tücher sind perfekte Dekodecken für die Betten. Ein Bild von Mutter Meera lehne ich an die Nachttischlampe, daneben lege ich einen zarten Rosenquarz. Lavendelblüten, die ich vorhin am Eingang entdeckt habe, würden gut das Fensterbrett schmücken. Also laufe ich nach unten, um einen kleinen Strauß zu pflücken. Niemand in Sicht. Wieder zurück, räuchere ich das Zimmer mit einem der mitgebrachten Sandelholz-Räucherstäbchen. Mehr und mehr strömt lichtvolle Energie in den Raum. Nach dem Einzug meines Körpers rücken Geist und Seele allmählich nach.

---

[12] Ganga ist die Göttin des heiligen Flusses Ganges.
[13] Ein hinduistischer Gott, Tänzer des Kosmos.

„Hare Rama, Hare Rama, Rama Rama, Hare Hare, Hare Krishna ..." Eine männliche Stimme zieht singend an meinem Zimmer vorbei. Wie schön! „Hare Krishna, Hare Krishna ..." Der Unbekannte wiederholt das berühmte indische Mantra, in dem drei prächtige Namen der Göttlichkeit besungen werden. Soweit ich mich erinnere, bedeutet Rama die göttliche Kraft, die uns mit grenzenlosem Glück umhüllt, und Hare diejenige, die unser Herz erfüllt, und Krishna bezeichnet denjenigen, der uns zu sich lockt. Der Gesang berührt mich. Dieses Mantra hat mich viele Jahre begleitet und erinnert mich an tiefe spirituelle Erfahrungen. Schön, dass es hier Gleichgesinnte gibt! Ich habe jetzt echt Lust, die anderen kennenzulernen. Mitsummend ziehe ich mir ein leichtes Sommerkleid über und öffne gespannt die Tür. Auf dem Flur ist der Tempelsänger nicht mehr zu sehen, auch in der angrenzenden Küche nicht. Ich eile die Treppe hinunter zum Ausgang. Ein milder Sommerwind streift meine Haare, als ich durch die Terrassentür nach draußen gehe. Es ist mittlerweile kurz nach acht und noch erstaunlich hell, heller als in meinem Zimmer. Keine Menschenseele da. Gespannt auf die Gruppe mache ich mich auf die Suche nach meinen Mit-Retreatlern und erkunde dabei gleich das Gelände. Links neben dem Haupthaus entdecke ich noch zwei kleinere Gebäude. Alles ist im mediterranen Stil gebaut. Die Dachziegel in unterschiedlichen Ocker-Tönen und die durchlöcherten

Mauerwände offenbaren die Spuren der Zeit. Die notwendigen Restaurierungsmaßnahmen werden wohl schon seit vielen Jahren aufgeschoben. Hier und da ist etwas kaputt. In einem Fenster ist das Glas gesprungen, in einem anderen fehlt es gänzlich. Zahlreiche provisorische Ausbesserungen an den Fassaden können das beträchtliche Alter der Häuser nicht verbergen.

Anschwellendes Stimmengeschwirr unterbricht meine kleine Entdeckungstour. Ich folge den Stimmen und erreiche eine von Blüten umrankte Terrasse. Eine Gruppe gestylter Frauen hat sich hier zusammengefunden und ist offensichtlich gerade mit Begrüßen und Umärmeln beschäftigt. Ich überlege nicht lange und platze mitten in das Come-together hinein. Sofort wird es still. Zahlreiche Augenpaare schauen mich fragend an. „Moin", schlüpft es aus mir heraus. „Ich bin Lena". „Ach, hello, hallo, hi, Namaste", schallt es von allen Seiten herzlich grüßend zurück. „Setz dich zu unsss", lispelt Mohini, die gerade langsamen Schrittes hinzukommt. Das Jodeln, Schnacken und Blubbern der Begrüßungen setzt wieder ein. Offenbar ein freudiges Wiedersehen für einige! Während ich mir einen freien Platz suche, kommt noch ein Typ dazu. „Hi Nadeen!" Eine der Damen springt auf und nimmt den großgewachsenen Brillenträger mittleren Alters zärtlich in den Arm. Ich zähle 13 Frauen und einen Mann. „Nala", stellt sich mir ein wild-roter Wuschelkopf vor. Beim Hinsetzen reiche ich ihr die Hand, sie erwidert die Geste zaghaft. Inzwischen haben sich alle an einem langen Esstisch auf Bänken und einfachen Stühlen verteilt. „Dann sind wir ja fast komplett", ruft eine herbeieilende Frau uns zu. „Lena, ich habe dich gesucht! Ich bin Gita, wir haben vorhin miteinander telefoniert", lässt die durchtrainierte Sportlerin mich wissen. Das ist also die Organisatorin des Retreats. Sie hat lange, dunkle Wimpern, die ihre Augen zu Schmuckstücken machen. Sie lächelt mich an: „Schön, dass du da bist." Ich nicke ihr zu. „Wir starten mit insgesamt 16 Teilnehmern", verkündet Gita der Gruppe. „Zum Fest des Gurus, in der dritten Woche, erwarten wir um die 80 Teilnehmer." Ah-ha, womöglich hätte ich dann also mein Zimmer mit anderen teilen sollen, vermute ich und warte gespannt auf weitere Informationen von Gita. Doch stattdessen fordert sie uns auf: „Stellt euch mal vor!", und Mohini ergreift sofort das Wort: „Hey, ihr Süüüßßen. Ich bin wieder dabeiiiii!" Oh je. „Ja, wie schön ist das denn", stellt die Organisatorin fest. In dem Stil geht es weiter.

Schließlich stellt sich Amrita vor. Sie teilt der Gruppe mit, dass sie wieder die Yoga-Übungen anleiten wird. Während sie noch spricht, erscheint eine Mitte 40-jährige, anmutende Frau am Rande der Terrasse. Behutsam bewegt sie sich auf uns zu und wartet, bis unsere Yoga-Lehrerin fertig ist. Etwas schüchtern ruft sie ihren Namen in die Runde: „Ik ben Kiki." Die feingliedrige

Holländerin hat ihre dunklen Locken hochgesteckt. Mit ihren funkelnden Augen wirkt sie total freundlich. Sie sei soeben angereist, informiert sie Gita und sinkt erschöpft auf die Holzbank gegenüber. Außer Kiki und mir sind alle miteinander bekannt und teilweise zum sechsten Mal dabei, wie ich den Gesprächsfetzen um mich herum entnehme. Uma, die älteste Teilnehmerin, wendet sich mir freundlich zu. „Wir gehören der Sangha an“, betont sie stolz. Fragend ziehe ich meine Augenbrauen hoch. Gita klärt Kiki und mich sofort auf. Das Wort Sangha beschreibe im Sanskrit eine Gemeinde, die sich zusammenfindet, um die buddhistischen Lehren zu leben. „Zum Beispiel das gemeinsame Meditieren“, erläutert sie. „Im Tibetischen steht dieser Begriff für diejenigen, die nach dem Guten streben. Wir verwenden dieses Wort für uns als spirituelle Gemeinschaft um unseren verehrten Guru. Wir sind seine Begleiter und Schüler.“ Na, dann bin ich ja mal gespannt, worauf ich mich hier eingelassen habe. Interessiert lausche ich den Schwärmereien: „Unser geliebter N. G. ist einmalig!“ „Er ist für mich so bereichernd.“ „Er hat Licht und Freude in mein Leben gebracht!“ „He's an ocean of love.“ „Sweeter than honey.“ „Ja, er ist das Kostbarste, das jemals in mein Leben getreten ist.“ Wenn die Teilnehmerinnen an diesem Abend zärtlich von ihrem Meister sprechen, leuchten ihre Augen wie die Sterne am Himmel. Mein Blick wandert derweil entspannt in die Runde. Die äußere Attraktivität der anwesenden Damen ist nicht zu leugnen. Die Jüngste unter ihnen mag um die dreißig sein, die Älteste vielleicht sechzig. Hübsch sehen sie aus! Auf jeden Fall legen sie Wert auf ein gepflegtes Äußeres. Viele haben lackierte Finger- und Fußnägel und sind dezent geschminkt. Im Gespräch verstehen sie sich eloquent auszudrücken. Später erfahre ich, dass mehr als die Hälfte von ihnen über einen akademischen Grad verfügt. „Woher kennst du eigentlich den Meister?", möchte jetzt Kamala wissen, die neben mir sitzt. Mit ihren langen Beinen könnte sie direkt auf den Laufsteg. „Ja, woher kennst du ihn?", stimmt die dralle Bhakti ein. Ich erzähle von meinem Liebsten: „Miro hat von dem Retreat Anfang Juni auf einem Meditationsseminar erfahren." Völlig naiv fahre ich fort: „Eine flüchtige Bekanntschaft mit einer freakigen Anhängerin des Gurus, sie hat ihm von dem Retreat erzählt. Das wäre ein toller Alternativ-Urlaub für mich, meinte er. So zum Abschalten, ihr wisst schon. Und dann hat mich die Werbung im Internet total angeturnt!" „WIE heißt dein Partner?" Die Frage entspringt dem knallroten Mund einer Teilnehmerin am Tischende. „Miro, warum?" „Hat der so etwas länger gewellte, blonde Haare und ist ein athletischer Typ?" „Ja, passt schon", antworte ich. „Und war das Seminar am ersten Juni-Wochenende?" „Sì, warum?", erkundige ich mich. „Dann bin ich die, die ihm das Motto ‚Sweet life' in den Mund gelegt hat." „Mmh …" Noch schalte ich nicht. „Deinen Miro habe ich vor vier Wochen in Hamburg auf dem Medi-Workshop kennengelernt." Shit, denke ich. Hoffentlich nimmt sie mir den Freak nicht übel. Tara ist ihr Name und sie schaut mich aus grünen Katzenaugen angriffslustig an. „Ach, da bin ich ja erstaunt, dass Miro gar nicht solo ist", lässt die sympathische Dame mich wissen. Häh? Verstehe ich jetzt nicht. Hat sie Miros Flirtereien etwa ernst genommen? Langsam fühle ich mich unwohl. Rivalität liegt in der Luft. „Tara!", ruft Gita energisch. „Bitte führe Lena über das Gelände und erkläre ihr unsere Regeln."

Kapitel 5 - Instruktionen - Redemptionis sacramentum[14]

„Welcome to the doorway. What is on the other side? It's not for me or you to say, because the blind keep leading the blind unto the end ..."[15]

Volltreffer! Gita, offensichtlich auf Harmonie aus, schickt uns vereint los. Wir beginnen unseren Rundgang und halten dabei so viel Abstand zueinander, wie es die Höflichkeit gerade noch zulässt. Als Erstes teilt mir Kussmund-Tara die Kurszeiten mit. Zähneknirschend höflich. „Yoga beginnt um sieben!" - „Um neun Uhr frühstücken wir, um 22:00 Uhr gibt es das Abendessen." „Oh, so spät!", antworte ich erstaunt. Ob ich so lange wach sein werde, überlege ich im Stillen. „Der Satsang findet nach dem Ermessen des Meisters statt. In der Regel elf Uhr morgens und acht Uhr abends. Die tatsächlichen und aktuellen Zeiten kannst du über einen ausgehängten Zettel erfahren", lässt Tara mich etwas freundlicher wissen. Dann zeigt sie mir die anderen Gebäude. Sie trägt, wie die anderen Anhänger, einen spirituellen Namen, den sie vom Meister erhalten hat. Auf Hindi bedeute „Tara" Stern. Wie ihr

[14] Latein: „Sakrament der Erlösung." Einzuhaltende und zu vermeidende Dinge beim Abendmahl-Gottesdienst.

[15] Kan'Nal (2005). Dreamwalker. All things change. Audio CD. Sunset Records. elephantwise@yahoo.com

bürgerlicher Name lautet, erfahre ich bis zum Ende meines Aufenthaltes nicht. Mir ist die Vergabe eines spirituellen Namens aus der Yoga-Tradition bekannt. Dieser stammt in der Regel aus dem Sanskrit, der alten, heiligen Sprache Indiens und fördert die Entwicklung des Bewusstseins, indem er das Schicksal der suchenden Person spiegelt. Die Annahme eines spirituellen Namens sei ein Schritt, der dazu diene, alte Muster hinter sich zu lassen und sich dem grenzenlosen Sein hinzugeben. Schweigend gehen wir zu dem abseits gelegenen Gebäude, in dem der Satsang stattfinden wird. Am Eingang zieht Tara ihre High Heels aus. „Dieser Bereich wird immer ohne Schuhe betreten!“, lässt sie mich wissen. Ich tue es ihr nach. Beim Eintreten verrät sie mir: „Der Meister kann Unordnung nicht ausstehen.“ Deshalb sollen wir unsere mitgebrachten Sachen nicht sichtbar liegen lassen, sondern diese hinter einem Vorhang im Meditationsraum verbergen. Mehr als „Ach so!“ fällt mir dazu nicht ein. Zum Satsang, erklärt mir Tara, haben wir stets und unbedingt pünktlich zu erscheinen. „Am besten bist du schon zehn Minuten eher da“, rät sie mir. Auf keinen Fall sollten wir später als Mr. N. G. erscheinen, dann sei der Zugang gesperrt und wir dürften am Satsang nicht mehr teilnehmen.

Im Vorraum des Meditationsraumes wird ein beträchtliches Sortiment an CDs, Fotos und Büchern des Gurus zum Verkauf angeboten. „Auf den CDs spricht und singt er teilweise selber", teilt mir Tara voller Stolz mit. „Seit Anfang des Jahres gibt es kleine Armbänder mit dem Namen unseres geliebten Meisters." Tara zeigt auf eine goldene Kiste und schmilzt förmlich dahin. Ich vermute, dass sich darin der signierte Schmuck befindet. Mir ist bereits am Terrassentisch aufgefallen, dass die Mitglieder der Sangha alle solch ein Band um ihr Handgelenk tragen. Mein Blick schweift über das spirituelle Lifestyle-Angebot: Auf einem Regal sind T-Shirts mit einem Foto des Meisters ausgelegt, daneben ein weiteres Regal mit Sweatshirts in verschiedenen Größen. „M, L, XL" steht an den einzelnen Fächern geschrieben. Die Porträt-Bilder des Meisters zeigen einen smarten, charismatischen Mann, dessen Lächeln etwas zu aufgesetzt wirkt. Von der Fülle der Guru-Accessoirs wird mir ganz schwindelig. Ich fühle mich in die Läden des Termini-Bahnhofs in Rom versetzt. Von wegen Flucht aus der Konsumwelt. Hier sieht es aus wie in einem Einkaufsparadies, nur dass überall der Guru abgebildet ist. Von Tassen, Bekleidung und DVD-Hüllen schaut er mich an. Ein wahrer Fanshop! Ich muss unwillkürlich an Mariana Caplans kritische Erwägungen zur New Age-Vermarktung denken: „Weil die heutige Kultur so vollständig vom Materialismus beherrscht wird und die Spiritualität ihren Weg auf den Massenmarkt gefunden hat, fließen auch die Verzerrung spiritueller Begriffe und Konzepte, das Bedürfnis sich spirituell zu kleiden, spirituell zu reden und sich selbst als spirituell zu betrachten, in die Massenkultur über. Man könnte sagen, wir leben in einem Zeitalter eines weit verbreiteten spirituellen Materialismus."[16] Später erfahre ich, dass es auch im Internet einen Werbe-Shop gibt. Für die ergebenen Anhänger von N. G. ist diese Einkaufsmöglichkeit wahrscheinlich reizvoll und ein wahrer Segen. Der Segen für den Meister dürfte umso größer sein.

An den Vorraum schließt sich der eigentliche Meditationsraum an. Es ist ein Saal mit Fenstern, die bis zum Holzfußboden gehen und den Blick in die Natur öffnen. An einer Seite des Raumes befinden sich keine Fenster. Stattdessen steht dort auf einem Podest ein üppiges Sofa, das mit indischen Stoffdecken verschönert ist. Links und rechts wird es umrahmt von bauchigen Vasen mit weißen Orchideen als Blumenschmuck. Neben dem Sofa hängt ein polierter, goldglänzender Gong. Auf einem Beistelltisch sind Bilder von zwei erleuchteten Gurus arrangiert. Ich erkenne H. W. L. Poonja und Ramana Maharshi. „Das ist die Traditionslinie des Meisters", flüstert Tara ehrfürchtig. Das Sofa auf dem Podest wirkt wie ein Thron. Für die nicht-erleuchteten Satsang-Teilnehmerinnen liegen zu seinen Füßen Meditationskissen bereit. Nachdenklich ziehe ich draußen meine Schu-

---

[16] Caplan, Mariana (2002). Auf halbem Weg zum Gipfel der Erleuchtung. Die Gefahren und Irrtümer verfrühter Ansprüche, erleuchtet zu sein. S. 86. Petersberg: Via Nova Verlag.

he wieder an. „Wir gehen jetzt zum Pool-Bereich“, erklärt mir Tara. Ein schmaler Weg führt hinter dem Meditationshaus entlang. Wir schlendern versonnen nebeneinander her, während das leise Zirpen vereinzelter Grillen uns begleitet. Die Stimmung zwischen uns beiden entspannt sich langsam. Es ist mittlerweile dunkel geworden. Die Lichter einer Girlandenkette erhellen den großzügigen Swimmingpool. Glasklares Wasser glänzt in ihrem Schein. Schön sieht es hier aus. Tara wendet sich mir wieder zu: „Wenn der Meister hier ist, dann will er nicht gestört werden!" „Klar“, antworte ich verständnisvoll, „nach Feierabend will ich ja auch meine Ruhe haben." „Wann immer unser geachteter N. G. am Pool ist, befindet sich da hinten ein Zeichen.“ Tara deutet mit ihren roten Fingernägeln auf eine Stelle unter einer Laterne. Dort liegt ein DIN A4-Blatt mit einem leuchtendroten Kreuz über einem angedeuteten Schwimmer. Es steckt in einer Plastikhülle und wird von zwei Steinen beschwert. „Wenn das Zeichen ausliegt, darfst du nicht zum Pool.“ „Ok“, antworte ich knapp und frage mich, warum das Blatt jetzt dort liegt und der Guru nicht am Pool ist.

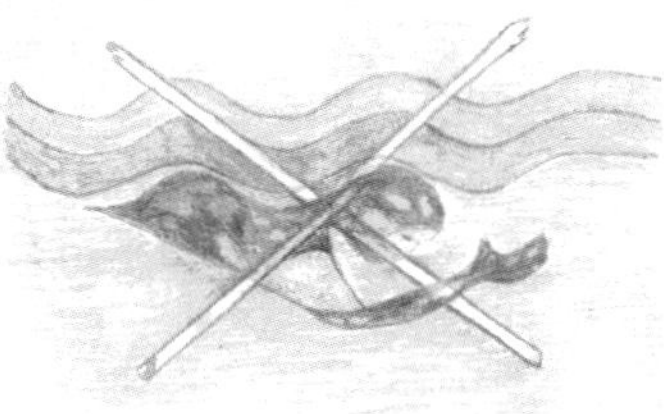

Tara dreht sich auf ihren hohen Absätzen um und wir gehen den Weg zurück. Dann schlägt sie einen kleinen Seitenpfad ein. Vorbei an duftenden Rosmarin-Büschen folge ich ihr schweigend zu einem weiteren Häuschen. Alle Fenster sind beleuchtet.

„Hier wohnt unser geliebter Meister." Ich staune. Ein prachtvolles Einzelhaus und von allen das Schönste. Es hat zwei Balkone und eine große Terrasse, auf der Holzliegestühle mit dicken Polstern und kuscheligen Decken drapiert sind. Kerzen verschiedener Größen flackern auf einem mit Rosenblüten verzierten Teakholztisch. Ein gefülltes Weinglas neben einer Käseplatte wartet hier auf den Guru-Gourmet. „Außerdem", fährt Tara fort und führt mich am Arm weiter, ehe ich einen weiteren Blick auf den meisterlichen Wohlstand werfen kann, „gilt es einen gewissen Abstand zum Wohnhaus des verehrten N. G. einzuhalten. Am besten gehst Du da nicht vorbei oder stehst dort herum." „Ja, gut." Auch diese Anweisung akzeptiere ich vorbehaltlos. Den Rückzugsbereich und die Privatsphäre eines Menschen respektiere ich ganz selbstverständlich. Trotzdem kommt bei mir langsam das Gefühl auf, dass sich hier auffällig viel um das Wohl des deutschen Gurus dreht. Bislang ist er mir unbekannt. Seine beiden Bücher habe ich noch nicht gelesen. Von seinen Satsangs in Hamburg und Berlin habe ich flüchtig gehört. Dunkel entsinne ich mich auch an ein Plakat, das vor einigen Jahren einen Vortrag mit Mr. N.

G. in der Friedrich-Ebert-Halle ankündigte. Zum jetzigen Zeitpunkt bin ich einfach nur gespannt darauf, dem Erleuchteten zu begegnen und von seinen spirituellen Erkenntnissen und Wahrheiten zu erfahren.

Tara und ich gehen zurück zur Terrasse. Lediglich die zierliche Ananda und Nadeen sitzen noch dort. „Namaste, ihr beiden. Wir haben auf euch gewartet, die anderen sind bereits im Meditationsraum." Also wieder zurück. In dem dämmerigen Saal haben sie bereits mit einer stillen Meditation begonnen. Das Thron-Sofa ist leer. Offenbar wird uns der Guru an diesem Abend noch nicht mit seiner Präsenz beehren. Ananda und Nadeen kommen auch hinzu. Leise setzen wir uns auf freie Meditationskissen. Mit geschlossenen Augen versuche ich, zur Ruhe zu kommen. Doch meine Gedanken kreisen herum. Was hätte ich für so eine Gelegenheit vor Jahren gegeben! Meine spirituelle Neugier begleitet mich schon lange. In der frühen Kindheit fühle ich mich im Einklang mit der Natur, glücklich und verbunden. Dann kommt die Schule. Erziehung und soziale Regelungen drängen mich in ein Programm, das mein Selbstwertgefühl verändert und mich ab der Pubertät auf die Erleuchtungssuche gehen lässt. Ich erinnere mich, wie ich lange Nachmittage im spirituellen Buchladen „Lichtgarten" verbringe. Dort ‚Siddhartha', lese und von Erich Fromms ‚Sein und Haben' fasziniert bin. Räucherstäbchen vernebeln nicht nur mein Jugendzimmer dauerhaft, sondern zum Leidwesen meiner Eltern auch das ganze Haus. Mit 17 entscheide ich mich, Vegetarierin zu werden. Während meines Psychologiestudiums fange ich an, die alte Tradition des Hatha-Yogas zu praktizieren. Dann folgen jahrzehntelange Selbsterfahrungs- und Bewusstseinserweiterungsseminare in vielfältigen Traditionen. Sie öffnen Tore meiner Wahrnehmungsfähigkeit, die dazu führen, dass ich nicht länger nach Erleuchtung suche. Erfüllung finde ich in dem meditativen Gewahrsein des Lebens. Mit einem zarten Gongschlag beendet Gita die Meditation. Heute Abend ist es mir echt nicht gelungen, abzuschalten und dem Schwall der geistigen Regungen Einhalt zu gebieten. Wer weiß, wie es in den nächsten Tagen sein wird. In Stille gehen wir für heute auseinander.

In meinem Zimmer duftet es immer noch nach den Räucherstäbchen. Noch schnell den Wecker auf halb sieben stellen, Augen zu und ... irgendwann finde ich mich in meinem Geburtsort wieder. Klong, Bong, Dong, Bong! Über der Stadt erklingt ein lautes, wiederkehrendes Geräusch, monoton wie ein markerschütternder Herzschlag. Woher dieses Geräusch kommt, ist unklar. Es erschallt aus dem Nichts und kehrt in das Nichts zurück. Während ich mich auf die Suche nach der Ursache mache, verblasst mein Ich-Sein immer mehr. Nun tauchen aus dem Universum drei planlose Bauarbeiter auf. In ihren sauberen Blaumännern wirken sie wie männliche Mannequins: anmutig, adrett, stilvoll. Ihre Bewegungen sind langsam und zeitlupenhaft. Ohne Ziel laufen sie hin und her, bleiben stehen, kehren um. Offenkundig sind sie nicht Herr ihrer Sinne. Plötzlich erscheint ein weiterer Mann, sein Blaumann ist strahlendweiß. Ist er der Vorarbeiter? Sofort laufen die drei anderen hinter ihm her. Sie bewegen sich wie Roboter. Der Weiße führt sie in ein verschlungenes Heckenlabyrinth und löst sich spontan in heiße Luft auf. Das Labyrinth wird größer und größer, dehnt sich in alle Richtungen aus, bis es zum Horizont reicht. Die automatenhaften Arbeiter suchen und suchen ihren Weg und können keinen Ausgang finden. Plötzlich tut sich eine tiefe Grube im Boden auf. Ein Schrei! Einer der Arbeiter hat den Halt verloren und stürzt in die Grube. Er fällt und fällt und fällt …

Bong, bong, bong ... Mit laut pochendem Herzen erwache ich vor dem Klingeln des Weckers. Was für ein seltsamer Traum. Ich bin schweißgebadet und brauche Zeit, um mich zu beruhigen. Warum träume ich von diesem Unfall? Irgendetwas hat eine verstörende Unsicherheit in mir hervorgerufen: mein Geburtsort, der laut tönende Herzschlag, die fremdbestimmten Arbeiter ohne festen Boden. Was hat das alles mit mir zu tun? Orientierungslos blicke ich um mich und erkenne erst allmählich meine neue Unterkunft. Es ist kurz nach sechs. Weiterzuschlafen lohnt sich nicht mehr. Also aufstehen und das Badezimmer vor Nadeen besetzen. Nach dem Duschen gehe ich mit meiner Yoga-Montur und Ausrüstung nach draußen: ein weißes T-Shirt mit aufgedruckter Lotusblüte, eine Yoga-Jogginghose und meine Übungsmatte. Auf der Terrasse treffe ich Kamala, Uma und Ananda. „Namaste", begrüßen die drei mich. Prima, dann können die mir gleich den Weg zum Yoga-Platz zeigen. „Hast Du gut geschlafen?", fragt mich Uma. Müde und noch traumbefangen nicke ich. Auf einem schmalen Pfad geht es zu einer mit Gras bewachsenen Anhöhe in der Nähe der Parkplätze. Unterwegs bemerke ich Nadeen. Das gibt es doch nicht! Kurz vor sieben steht er auf dem Parkplatz und ist mit dem Waschen seines Autos beschäftigt. Ein schwarzer Cabrio-Mini. Edel! Seine Prioritäten erheitern mich. Allmählich werde ich wach. Auf dem Yoga-Platz legen wir unsere mitgebrachten Matten auf den noch feuchten Boden. „Good morning." Fröhlich blickt Yoga-Amrita in die Runde. „Let's start!" Sie beginnt pünktlich und fängt mit den Sonnengrüßen an. Während wir unsere Hände in Gebetshaltung vor der Brust falten, kann sich der Guru noch einmal im Bett umdrehen. Er ist beim Morgen-Yoga nicht dabei. Wir anderen machen das volle Programm: Arme nach oben, Kopf nach unten, Hände auf den Boden aufsetzen, rechten Fuß nach hinten stellen … Einfühlsam erklärt Amrita jeden einzelnen Schritt und ist dabei darauf bedacht, dass wir ihr folgen können. „Ohwei, ohwei ..." Mohini ächzt und stöhnt, sobald es schneller wird. Besonders für die Retreat-Älteste Uma scheinen manche Asanas[17] nicht einfach zu sein. Erst mit der Schlussentspannung wird es leichter. „Ladies, you've earned it!", ruft die geschmeidige Yoga-Meisterin in die Runde. In den nächsten zehn Minuten dürfen wir alle auf dem Rücken liegen und uns von den Sonnenstrahlen verwöhnen lassen. „Now you're ready for breakfast", verkündet Amrita das Ende der Stunde. Ich rekele, recke und strecke mich und komme langsam zum Stehen. Alle viere von sich gestreckt bleibt Mohini grinsend in der Sonne liegen. Sheela ist die Erste, die mit ihrer Matte unterm Arm zum Haupthaus eilt. In kleinen Grüppchen folgen wir anderen ihr nach. Das Frühstück findet auf der Außenterrasse statt. Im angrenzenden Speiseraum ist ein kleines Buffet mit Obst, Müsli und Gebäck aufgebaut. Von dort holen wir unser Essen nach draußen. Es ist einfach wundervoll, im Freien zu sitzen. Der Blick in die Landschaft ist atemberaubend. Satte Weinberge, Silber-Zypressen und Olivenbäume schmücken das hügelige Umland. „Warum wäscht Nadeen schon so früh sein Auto?", frage ich die grazile Kamala, die neben mir sitzt. Ihre Fröhlichkeit steht ihr ins Gesicht geschrieben. „Das ist doch nicht sein Auto!" Sie lacht. „Das ist der Wagen unseres Meisters." „Wow, was für ein Service!", staune ich. „Alles, was wir tun, ist ein Lie-

---

[17] Sanskrit: Der Sitz. Bezeichnung für die verschiedenen Körperstellungen im Yoga.

besdienst an unseren Guru", gesteht sie mir und während sie eine Banane in ihr Müsli schneidet, fährt Kamala fort: „Wir machen es einfach gerne für ihn."

Allmählich steigt die Sonne und mit ihr die Temperatur. Eine Abkühlung wäre jetzt klasse! „Wer hat Lust, mit in den Pool zu kommen?", frage ich fröhlich in die Runde. Erstauntes Schweigen. Dann flüstert Uma mir zu: „Weißt du denn nicht, dass der Meister des Morgens schwimmen könnte?" „Ja, wo ist denn das Problem?" Erstaunt blicke ich zu den Anderen. „Wenn kein rotes Zeichen am Pool liegt, dürfen wir doch rein!" Und ich wiederhole die Regeln, die mir gestern mitgeteilt wurden. Betretenes Schweigen. „Das kannst du so nicht sehen!" Erneut wird mein Wunsch verneint, diesmal von Nadeen. „Der Meister kann ja den Pool nutzen wollen und da wollen wir lieber abwarten." Die Argumentation, dass der Meister ja eventuell den Pool benutzen wollen könnte, erschließt sich mir gar nicht. „So ein Quatsch!", antworte ich. Das Schwimmbad soll von nun an ausschließlich vom Guru belegt werden, auch wenn Mr. N. G. es gerade gar nicht nutzen will? „Das glaub ich nicht. Fragt ihn doch, ob wir uns absprechen können!" Gita entgegnet mir streng: „So lief das hier immer." Schachmatt! Was soll ich denn auf dieses überzeugende Argument antworten? Offensichtlich empfindet die Sangha meine Bitte als dreist und unverschämt. Denn jetzt stehen Gita, Ananda und Uma auf und ziehen sich zurück.

Ich bin frustriert! Mr. N. G. wird privilegiert behandelt und die zahlenden Gäste haben das Nachsehen. Wie unangemessen! „Da sitzt wohl noch zu viel Widerstand bei dir", vermutet Nadeen und steht nun auch auf. „Und fehlende Hingabe!" Ungläubig schaue ich ihn an. „Ja, da musst du noch üben", belehrt er mich gönnerhaft. „Ach, jetzt kommen wir hier mit spirituellen Weisheiten?", antworte ich ihm genervt und lasse ihn mit seinem Eso-Gesülze allein.

Kapitel 6 - Vorhang auf für Guru Nice Guy

„Natürlich richtet sich der Blick zuerst auf die großen Meister,
auf Padmasambhava, die hl. Theresia von Avila,
Gautama Buddha, Lady Tsogyal, Emerson,
Meister Eckhart, Maimonides, Shankara,
Sri Ramana Maharshi, Bodhidharma und Garab Dorje.
Aber ihre Botschaft ist immer dieselbe:
Lasse dieses Bewusstsein, das in mir vorhanden ist,
auch in dir reifen.
Es beginnt immer elitär und endet immer egalitär."[18]

Aufgewühlt gehe ich auf mein Zimmer. Die Logik der Sangha ist mir fremd. Ach, egal! In einer halben Stunde werde ich den Meister endlich zu Gesicht bekommen. Das ist viel spannender! Also ziehe ich mich für den ersten Satsang um. Raus aus den Yoga-Klamotten, rein in ein trägerloses Hippie-Kleid. Flip-Flops an und los. In fünf Minuten soll der Satsang anfangen. Vor dem Meditationshaus stehen schon etliche High Heels in Reih und Glied. Wo sind die traditionellen Birkenstock-Sandalen aus früheren Zeiten geblieben? Beim Eintreten fällt mir sofort der Dresscode der Gruppe auf. Die Teilnehmerinnen, die sich bereits im Meditationsraum versammelt haben, sind so dermaßen schick gekleidet, als wollten sie auf ein Fest oder zum Sonntagsgottesdienst gehen. Die meisten haben jetzt

---

[18] Wilber, Ken (2001). Einfach „Das". Tagebuch eines ereignisreichen Jahres. S. 50. Frankfurt am Main: Fischer.

Make-up aufgelegt, schöne Hochsteckfrisuren gezaubert und duftende Blumen ins Haar gesteckt. Die Atmosphäre im Raum brizzelt vor Spannung. Während ich es mir auf einem Meditationshocker im hinteren Bereich gemütlich mache, blicke ich um mich. Nadeen scheint für die Bedienung der Musikanlage zuständig zu sein. Tara, nun in einem knappen Blümchenkleid, ist mit einer Stativ-Kamera beschäftigt. Wahrscheinlich wird der Meister bei seinen Auftritten gefilmt. Einige Teilnehmerinnen haben sich bereits auf bunten Meditationskissen niedergelassen. Teilweise sitzen sie mit geschlossenen Augen dort. Manche von ihnen halten eine Blume in der Hand. Die Sitzkissen in der ersten Reihe sind durch Reservierungszettel blockiert. Offenbar genießt nicht jeder das Privileg dem Meister so nah sitzen zu dürfen. „Bitte hört mir zu", sagt Gita mit erhobener Stimme. „Wir werden heute mit einer Begrüßungszeremonie beginnen." Alle Augen blicken zu ihr. Die leicht nervös wirkende Organisatorin fängt an das Ritual zu erklären. „Kiki und Lena, ihr sitzt hier. Nala, setz' dich mal zu ihnen." Und sie deutet auf die zweite Reihe. Wir wechseln die Plätze. Die aus Wien stammende, aparte Soya wird die Zeremonie eröffnen. Nacheinander sollen wir von links nach rechts einzeln zum Meister nach vorne gehen. Wenn wir an seinem Platz angekommen sind, haben wir uns vor ihm hinzuknien, unseren Namen zu nennen und dann abzuwarten, bis er uns verabschiedet. „Vergesst nicht, euren spirituellen Namen anzugeben, den euch der Meister verliehen hat", erinnert Gita die Gemeinschaft. Ich hebe fragend die Hand: „Ich habe auch einen spirituellen Namen von einem Lehrer aus der Osho-Tradition bekommen. Soll ich den nennen?" „Ich weiß nicht so recht, das musst du entscheiden", gibt Gita skeptisch zurück. Ich nicke. Mal schauen. Jetzt fehlt nur noch Mr. N. G. Doch dieser lässt sich Zeit. Stillschweigend warten wir, jede mit ihren eigenen Gedanken beschäftigt. Ich lausche dem bunten Gesang der Vögel und werde immer neugieriger auf die erste Begegnung mit dem deutschen Guru. Plötzlich verändern sich die Naturklänge. Nach einem schrillen Vogelgezwitscher wird auf einmal die Außentür geöffnet. Ein unruhiges Rascheln breitet sich im Raum aus, als alle Teilnehmerinnen rasch ihre Kleidung zurechtzupfen. Dann ist es wieder still. Nur leichte Schritte auf dem Holzboden des Vorraums kündigen das Näherkommen des Gurus an.

Gurus werden in der Regel wie der erleuchtete Buddha selbst verehrt. Kürzlich las ich in einem Buch des Dalai Lamas, dass das Sanskrit-Wort Buddha[19] zum einen die Reinigung von Makeln und Verunreinigungen bedeutet und zum anderen ein Erblühen, eine Entfaltung - symbolisch dargestellt durch eine sich öffnende Lotusblüte. Alle Makel seien auf der Ebene der

[19] Sanskrit: Der Erwachte.

Buddhaschaft geläutert. Erleuchtung kann sich entfalten. Von der ursprünglichen Bedeutung her bezeichnet das Sanskrit-Wort Guru vor allem einen Lehrer. Im spirituellen Sinne steht dieser Begriff für einen erwachten Geist, unübertrefflich an Erkenntnis und an Wissen. Ihm wohnen Mitgefühl und Verantwortungsbewusstsein inne. Als Lehrer teilt er seine Weisheiten mit seinen Schülern. Über einen spirituellen Lehrer habe bereits Buddha gesagt, dass man die Qualität des Mitgefühls an seinem Verhalten ablesen könne. Seltsamerweise muss ich gerade an einen Vortrag des Dalai Lamas in Hamburg denken. Bei dieser Gelegenheit verwies er auf buddhistische Texte, die dazu raten, sich Zeit für die Einschätzung eines Lehrers zu nehmen. Nötigenfalls könne das bis zu zwölf Jahre dauern.

Nun, zwölf Jahre habe ich jetzt nicht Zeit! Gespannt schaue ich zum Eingang. Ein attraktiver Mann Mitte fünfzig betritt den Raum. Er ist ganz in weiß gekleidet, eng anliegendes Hemd, schmale Hose, barfuß. Sein braungebrannter Kopf ist kahlgeschoren. Ein bisschen erinnert er mich an Bruce Willis. Noch vor zwei Tagen sagte der smarte Schauspieler im Fernsehen, dass er stolz auf seine Glatze sei, da er eine sehr schöne Kopfform habe. Ja, mit B. W. kann N. G. es schon aufnehmen. Durch seine beträchtliche Körpergröße und den durchtrainierten Body wirkt der Guru äußerst anziehend. Gelassen schreitet er zu seinem Ehrenplatz. Auf dem Beistelltisch neben dem Sofa steht heute eine Schale mit exotischem Obst für ihn bereit, kunstvoll als buntes Mandala angerichtet. Begleitet wird der Guru von der charismatischen Yoga-Amrita, die es sich soeben mit ihrem kurzen Röckchen und dem durchsichtigen T-Shirt im Lotussitz vor ihm auf einem der reservierten Plätze bequem macht. Neben ihr sitzt Gita, mit ihren frisch gewaschenen, langen dunklen Haaren und dem etwas zu luftigen weißen Etuikleid. Gekonnt in Szene gesetzt steigt der Meister feierlich mit vor dem Gesicht gefalteten Händen auf das Podest. In der Zwischenzeit verneigt sich die Gruppe der Sangha ehrfurchtsvoll vor ihm. Gebückt mit der Stirn nach unten verharren sie minutenlang in dieser Position. Es ist ein Zeichen ihrer Hingabe zu ihrem Angebeteten. Der Raum wird dabei von einer stillen Demutshaltung durchflutet. Wie sehr sie ihn verehren und lieben, ist in diesem Moment atmosphärisch spürbar. Ein Blick zu Kiki verrät mir, dass sie, genau wie ich, aufrecht sitzt und den Guru abscannt. Inzwischen macht es sich Mr. N. G. bequem. Schmunzelnd blickt er in die Runde. Für einen kurzen Moment streifen sich unsere Blicke. Stahlblaue, strahlende Augen blinzeln mich freundlich an. Ich bin beeindruckt. Seine Ausstrahlung ist mächtig. Nach und nach richten sich einzelne Teilnehmerinnen wieder auf. Auch sie haben ihre Hände jetzt vor dem Gesicht gefaltet. Mit einem Kopfnicken in Richtung der bemühten Organisatorin beginnt das Ritual.

Gita nickt ihrerseits Soya zu, die jetzt als Erste aufsteht und sich langsam nach vorne zu Mr. N. G. bewegt. Auf mich wirkt sie unsicher und nervös. Demutsvoll kniet sie vor ihrem Guru, beugt lange den Kopf gen Boden und richtet sich dann kerzengerade auf. Mit sehnsüchtigen Augen schaut sie wie ein kleines Kind zu ihm auf und flüstert ihren Namen: „Soya." Ehrfürchtig überreicht sie dem Meister eine Rose. „Namaste", haucht dieser mit sonorer Stimme zurück und blickt ihr dabei einige Zeit tief in die Augen. Dann bewegt er seine zusammengeführten Hände zum Herzen und verabschiedet die zitternde Soya mit dieser aufmerksamen Geste. Mittlerweile hat sich Sheela mit ihrer Blume behutsam auf N. G. zubewegt und das Ritual wiederholt sich. Immer endet es mit einem intensiven Blick in die Augen der Teilnehmerin und den Abschlussworten „Welcome" oder „Shanti"[20]. Ein wachsender Berg von duftenden Blumen türmt sich neben dem Star-Guru. Dann komme ich an die Reihe. Was ist das: Mein Herz pocht laut vor Aufregung! Etwas schwankend stehe ich auf und gehe um die erste Reihe herum. Als ich beim Meister ankomme, stolpere ich beinahe. Wie die anderen senke ich meinen Kopf und nenne meinen Namen: „Lena." Ein Blumengeschenk habe ich nicht dabei. Hat mir ja auch keiner gesagt ... Der Blick in seine Augen fasziniert mich. Von ihnen geht eine hellwache, konzentrierte Aufmerksam-

---

20 Sanskrit: Frieden, innere Stille.

keit aus, die mich ganz umfängt. Sofort bin ich in Resonanz mit seiner kraftvollen Präsenz. Gelassen nickt der Guru mir zu und verabschiedet mich mit dem pauschalen Willkommensgruß. Hinter mir wartet bereits Nala bebend auf ihre Guru-Begrüßung. Langsam und vorsichtig gehe ich zu meinem Platz zurück. Froh wieder zu sitzen, beobachte ich von meinem Kissen aus die weitere Zeremonie. Auch Kiki scheint unsicher zu sein, so wie sie durch den Raum taumelt. Nadeen bildet das Schlusslicht, seine Hände zittern, als er dem Meister eine Blüte schenkt. „Shanti, Shanti, Shanti." Damit ist das Ritual beendet.

Im Raum ist es jetzt friedlich und still. „Go inside." Der Meister schließt seine Augen und leitet so eine gemeinsame Meditation ein. Hin- und herrutschend versuche ich, es mir auf dem Sitzkissen bequem zu machen. Vom Becken ausgehend richte ich mich gut in die Wirbelsäule auf, um eine gerade Haltung einzunehmen. Die Füße verschränke ich auf den gegenüberliegenden Oberschenkeln und nehme den Lotussitz ein. Meine Hände lege ich auf die Beine, mit den Handflächen nach oben. Hierbei stelle ich mich auf ein offenes Gewahrsein für alles ein. Beim Ein- und Ausatmen spüre ich den ganzen Körper, lasse den Atem fließen, ohne etwas zu verändern. Unzählige unbedeutende Gedanken begleiten diesen Vorgang. Mein Fokus bleibt bei der Atmung. Bewusstes Einatmen, bewusstes Ausatmen. Gedanken kommen und gehen. Im Versuch, auf die Pause zwischen zwei Gedanken zu achten, sinke ich allmählich in eine tiefe Gelassenheit. Alles Wollen und Begehren kommt zur Ruhe. Einfach nur reine Akzeptanz, wohliger Frieden, genussvolle Stille. Eine unermessliche Leerheit entfaltet sich, unberührt von allem, was ist. Ein Gong ertönt, die Konstruktion meines Lena-Selbst, der Ahamkara[21], kehrt zurück und damit das Bewusstsein, in der körperlichen Welt manifestiert zu sein. Offenbar hat der Meister in der Unendlichkeit der Zwischenzeit stillschweigend die Gruppe verlassen. Kiki steht auf und will auch gehen. „Stopp!“ Gita hält sie auf und bittet uns, noch sitzen zu bleiben. „In Zukunft werde ich euch ein Zeichen zum Aufbruch geben“, ordnet sie an. Ich bemerke, dass Amrita sich nicht mehr im Raum befindet. Demnach wird sie dem Meister gefolgt sein. „Bleibt also so lange hier, bis ich euch entlasse.“ So langsam haben wir es verstanden. Wenn der Meister geht, bleiben wir auf unseren Plätzen. Ade, du Freiheit der Selbstbestimmung! Kein Widerstand von den anderen. Sie scheinen daran gewöhnt zu sein, zu gehorchen.

---

[21] Sanskrit: Ich-Macher, Ich-Konstrukteur. Ein Begriff aus der buddhistischen Philosophie.

Kapitel 7 - Vollmond-Reliquien und ein unpässlicher Guru

„Die Kette ist immer nur so stark wie ihr schwächstes Glied."[22]

Nach der Entlassung löst sich die Gruppe draußen schnell auf. Als ich meine Schuhe anziehe, spricht Kamala mich an: „Das hast du gut gemacht!" Ich schaue sie verwundert an. „Na, dass du dem Meister nicht deinen spirituellen Namen gesagt hast. Den hast du schließlich nicht von N. G. bekommen!" Ich öffne den Mund zu einer Erwiderung, doch Kamala huscht an mir vorbei, um einen Müllbeutel zu entsorgen. Zum Wohle des Meisters hat die Sangha-Crew diverse Aufgaben übernommen, denen sich die Einzelnen nun gewissenhaft widmen. Sheela kümmert sich um seine kulinarischen Bedürfnisse, zwei Frauen, Bhakti und Shandana, assistieren ihr dabei. Uma ist ausschließlich für seine Wäsche zuständig, Nala versorgt die Blumen, Ananda und Mohini halten seine Räume sauber. Nadeen hat die Rundum-Pflege des Autos und die Musiktechnik übernommen, während Soya sich um die Publicity kümmert und die Internet-Präsenz des Meisters aktualisiert. Gita organisiert das Drumherum des Retreats, Tara dokumentiert alles mit Fotos und Vi-

[22] Deutsche Bauernweisheit.

deos. Prathna und Kamala sind für den Meditationsraum eingeteilt. Mit Besen und Schaufel ausstaffiert fegen sie nach jedem Satsang den Saal. In der Tat ein fleißiger Hofstaat!

Ich selber erkunde nach dem ersten Satsang lieber das Gelände. Auf meiner Freizeit-Entdeckungstour stoße ich hinter den Büschen beim Guru-Haus auf eine verlassene Holzschaukel. Sie zieht mich magnetisch an! Geschwind schmeiße ich meine Schuhe ins Gras und stürme auf das wartende Spielgerät zu. Zack, Kleid hochraffen und Hintern drauf. Lustvoll schaukele ich dem Himmel entgegen. Federleicht, fast schwerelos, genieße ich den Moment abseits des Guru-Betriebes. Das Hochschaukeln ist klasse! Beim Zurückschwingen kribbelt der Magen. Wusch die Waldfee! Und noch weiter hinauf, bis ich über die Lavendelhecke blicken kann, die der Schaukel gegenüberliegt. Dahinter glänzt das verbotene Schwimmbad, jungfräulich unberührt! Von hier oben trennt mich nur ein kesser Sprung vom kühlen Nass. Ein Sprung und ein Verbot! Die grenzenlose Freiheit des Fliegens knallt gegen die Vorschriften des Gurus. Ich lasse mich von der Schaukel fallen, zupfe mein hochgerutschtes Hippie-Kleid zurecht und sammel meine Schuhe wieder ein. Gedrosselt gehe ich in Richtung Zimmer. In der angrenzenden Gemeinschaftsküche ist momentan niemand. Ich bin total durstig und entdecke auf dem Regal drei Flaschen Mineralwasser. Sie haben dunkelblaue Etiketten, auf denen eine weiße Vollmondscheibe abgebildet ist. Mond-Energie steht in geschwungenen Buchstaben darauf. Womöglich wird dieses Wasser bei Vollmond und glücksbringender Sternenkonstellation abgefüllt. Cool! Mir stellt sich die Schneewittchen-Frage, wem die Flaschen wohl gehören. Meinem Durst ist die Antwort egal. Flasche auf und ab ins nächste Glas. Köstlich! Jetzt brauche ich noch ein passendes Gefäß für meine Zahnbürste. Die nächste Tasse ist meine. Das Yin und Yang-Zeichen auf ihrem Rand spricht mich spontan an und ich nehme sie mit ins Badezimmer. Hier bestücke ich meine neue Lieblingstasse mit Zahnbürste, Zahnpastatube und dem obligatorischen Zungenreiniger. Nachdenklich setze ich mich auf den Klodeckel. Das Bade-Tabu, das sich sofort wieder in meinen Gedanken breit- macht, schiebe ich entnervt beiseite. Viel lieber sinniere ich über das Guru-Thema und meine bisherigen Eindrücke von der Sangha. Warum sind sie hier? Suchen sie alle nach Erleuchtung? Fehlt ihnen etwas in ihrem Leben? Und was mache ich dann hier? ... U.G. Krishnamurti flüstert leise in mein Ohr: „Vielleicht kann ich Sie davon überzeugen davon abzulassen, eine Menge Zeit und Energie zu vergeuden, um nach einem Zustand zu suchen, der außerhalb Ihrer Einbildung nicht existiert.“[23] Wirklich?

---

[23] Krishnamurti, U. G. (2011). Übersetzer Daniel Herbst. Der trügerische Schein der Erleuchtung. S. 60. Hamburg: Noumenon Verlag.

Zurück in der Küche finde ich Sheela emsig beschäftigt vor. Sie ist gerade dabei, eine Gurke in Scheiben zu schnibbeln. „Das ist für den Meister", lässt sie mich wissen. „Es ist für mich eine Ehre, ihn verwöhnen zu dürfen", fährt sie fort, während sie einen Tofu-Würfel aus dem Kühlschrank holt. Früher sei sie als Hotelmanagerin tätig gewesen und seit ihrem Berufsaustritt koche sie leidenschaftlich gern. „Gesunde, vollwertige Kost ist das einzig Wahre!", verkündet sie mit Nachdruck. „Unser Meister bekommt nur das Beste!" Wie ein Mantra singt sie diesen Satz beim Kochen immer wieder vor sich hin. Ich lächle, um meine Verständnislosigkeit zu verbergen. In der Tat gibt sich Sheela in den folgenden Tagen alle Mühe, den Meister rund um die Uhr königlich zu verhätscheln. Ihre vegetarischen Luxusmenüs sind nicht zu toppen!

„Lena, was ich dir noch sagen will", setzt Sheela beim liebevollen Drapieren der Petersilie an, „die Sachen hier sind alle nur für unseren geliebten Guru." Sie zeigt auf die Vollmond-Mineralwasserflaschen und das Geschirr mit den Yin und Yang-Zeichen, das im Regal daneben steht. Ihr scheint nicht aufzufallen, dass eine Tasse fehlt – eben jene Tasse, die gerade im Badezimmer meine Zahnputzutensilien beherbergt. „Da sollte keiner dran gehen", rät Sheela mir bestimmt. „Wir haben das gesegnete Geschirr nur für ihn vorgesehen, denn er darf sich dieses und auch das Besteck nicht mit anderen teilen."

„Gut." Ich nicke, während ich innerlich überlege, welche karmatischen Konsequenzen mein Tassenraub wohl haben wird. Muss ich mich auf eine nächste Inkarnation als Ephemeroptera gefasst machen, auch bekannt als gemeine Eintagsfliege? Ich ziehe mich unauffällig aus der Küche zurück und eile direkt zum Bad. Mist, die Tür ist zu. Duschgeräusche und kichernde Stimmen grenzen mich aus. Bitte, liebe Göttin, mach die heilige Tasse unsichtbar oder wenigstens den profanen Inhalt. Während ich noch bete, kommt Tara gut gelaunt vorbei. „Na, musst du zum Klo?", trällert sie. Ne, das ist mein neuer Meditationsplatz, Leute. „Ja, klar und selber?", antworte ich. Kopfschüttelnd geht sie weiter. Im Bad ist es still geworden. Eine Unendlichkeit später öffnet sich die Tür. Soya und Shandana kommen relaxed heraus. Ich lächele sie unschuldig an, sie lächeln verträumt zurück und verschwinden ins nächste Zimmer. Sobald sie außer Sicht sind, blicke ich verstohlen nach links und rechts. Der erste Fuß ist schon über die Schwelle, als Sheela aus der Küche nach mir ruft: „Lena! Lena!" Ich zucke zusammen. Alles ist entdeckt! „Lena, ich muss zu unserem Meister. Pass doch mal eben auf die Spinat-Suppe auf." Schon ist sie weg. Ich auch. Ein Griff nach der sakralen Tasse. Sie wird von ihrem Inhalt befreit. Unter einem Handtuch trage ich das Heiligtum mit ehrfürchtig gesenktem Kopf an seinen angestammten Platz in der Küche zurück. Ich erwäge kurz, die Rückkehr der Tasse mit einer kleinen Puja[24] zu ehren, entscheide mich aber dagegen, weil Sheela im Anmarsch ist.

Alle, die im Haupthaus wohnen, sitzen heute Mittag gemeinsam am Tisch. Die anderen, zum Beispiel Kiki, Ananda und Kamala wohnen in der Kaschemme im Wald, die mir erspart geblieben ist. Sheela hat sich bereit erklärt, für die Gruppe mitzukochen. Frisches Gemüse, Salat, Oliven, Ricotta … Herrlich lecker, was für ein Genuss! Während ich mir das Essen schmecken lasse, ergreift Gita das Wort. „Übrigens", beginnt sie schleichend und mit einem Blick zu mir, „das mit dem Pool bleibt so, wie es ist." Blöde Ziege, denke ich und erfreue mich insgeheim an der Nummer mit der entweihten Tasse. Ich esse zu Ende, stehe wortlos auf, wasche mein Geschirr ab und bedanke mich bei Sheela für ihre liebevolle Verköstigung.

Und jetzt? Etwas gelangweilt schlendere ich nach draußen. Ein träger Gang zum Aushängebrett bringt unvermutet die ersehnte Überraschung: „Der POOL ist ab 16:00 Uhr allgemein zugänglich." Nun also doch! Was für ein schneller Sinneswandel. In einer Dreiviertelstunde öffnet sich das Wunderreich der Abkühlung. Auf meinem Zimmer packe ich Sonnencreme, Bikini und iPod zusammen und eile gut gelaunt in Richtung Badespaß. In der Pool-Area sonnen sich bereits einige Ladies

---

[24] Sanskrit: Verehrung. Ein Ritual der Anbetung und Ehrerweisung.

aus der Sangha. Alle sind nackt. Manche räkeln sich lässig auf ihren Liegen, andere schwimmen lasziv im Pool herum. „Hey, ist hier Nacktbaden angesagt?“, rufe ich in die Runde. Keine Antwort. Um nicht aufzufallen, verzichte ich auch auf den Bikini. Sprung ins Becken! Die Wasserspritzer lassen die nackten Grazien auf den Liegen schrill quietschen. „Pass doch auf!“, schimpft Soya und rückt ihre Dolce und Gabbana-Sonnenbrille zurecht. „Komm doch lieber rein“, muntere ich sie auf. Voller Vergnügen schwimme ich auf und ab, hin und her. Soya richtet sich langsam auf, um zu mir zu kommen. Plötzlich hält sie inne und schaut fragend zum Haus des Gurus. Aha. Mr. N. G. sitzt im Lotussitz auf dem Balkon und lässt seinen meisterlichen Blick über das Geschehen schweifen. So jedenfalls deute ich seine Kopfbewegungen. Seine Augen sind von einer verspiegelten Sonnenbrille verdeckt. Soya wendet sich vom Becken ab. Sie legt sich im Zeitlupentempo auf den Bauch, ihren knackigen Po in den Himmel gestreckt. Erweckt dieser Anblick das Wohlgefallen des Meisters? Muss wohl, denn er verharrt weiterhin auf dem Balkon. Ich tauche dann lieber ab und schwimme zum Beckenrand zurück. Raus aus dem Wasser und das Badehandtuch umgewickelt. Jetzt fühle ich mich wohler. Ich mache es mir auf einer Liege bequem, darauf bedacht, dass das Handtuch nicht zu viel preisgibt. Am azurblauen Himmel ist keine einzige Wolke in Sicht und die Strahlen der Sonne brechen sich im glasklaren Wasser des Schwimmbeckens. Der süß-sinnliche Duft der Lavendelblüten verschenkt und verströmt sich um uns herum. Wie fabelhaft! Schade, dass Miro nicht hier ist. Ich würde diese Stimmung allzu gerne mit ihm teilen.

Am Abend geht es zum nächsten Satsang. Die anderen Mädels erscheinen nacheinander aufgebretzelt in dem gemütlichen Meditationsraum. Nach etwa zwanzig Minuten kommt Gita hinzu. Ernst verkündet sie: „Heute wird unser geliebter Meister nicht dabei sein.“ „Was?“, keucht Kamala entsetzt. „Er fühlt sich nicht gut“, fährt Gita fort. Ein leises Raunen streift durch den Raum. Seltsame Stimmung. Ergo meditieren wir wie gestern Abend, wieder ohne Mr. N. G. Meine Gedanken kreisen um die Frage, was dem Guru fehlen könnte. Heute Morgen erschien er gesund, am Nachmittag auf dem Balkon topfit. Ich bin erstaunt und neugierig. Was ist zwischenzeitlich geschehen? Weshalb wird ein Guru krank? Hat ihn irgendetwas überfordert? Wo bleibt das Achtsamkeitsmanagement, wo die Selbstregulation? Wieso kann er überhaupt krank werden? Sollte er sich nicht kraft seines alles überragenden Geistes mal eben rasch gesund visualisieren? Eine Schleife schier endloser Fragen zur Guru-Identität. Auf jeden Fall ist die körperliche Hülle des Meisters offenbar von menschlich-fehlbarer Natur. Ich gebe es auf, über seine Unpässlichkeit nachzusinnen. Stattdessen lasse ich alles, wie es ist, und es wird ruhiger in mir. Als ich mich ganz entspannt habe, ertönt leise und andächtig die Stimme von Gita: „Wer möchte, kann noch etwas bleiben. In einer halben Stunde essen wir." Um mich herum wird eine zaghafte Aufbruchstimmung spürbar. Auf Zehenspitzen verlässt Bhakti als Erste den Raum. Die anderen tun es ihr gleich. Behutsam erhebe ich mich aus der Meditationshaltung und strecke meinen Körper.

Draußen ist es bereits stockdunkel geworden. Mit langsamen Schritten folge ich den anderen. Es ist nicht leicht, auf dem unbeleuchteten Weg zu bleiben. Mit der Zeit gewöhne ich mich an die Dunkelheit. Plötzlich schwirrt ein Heer von Glühwürmchen um mich herum. „Ach, wie zauberhaft", rufe ich beglückt. Soya, die den Meditationsraum abgeschlossen hat, kommt auf mich zu. „Ja, himmlisch", antwortet sie verträumt. Für eine Weile versinken wir beide in der leuchtenden Welt dieser funkelnden Lebewesen. Irgendwann zieht mich Soya sanft zum Speiseraum. Ein karger, schlauchartiger Saal. Heute Abend wird dort an einer langen Tafel gegessen. Die anderen warten schon auf uns. Während wir von Claudio und Annabella, einer jungen, schüchternen Italienerin, bedient werden, höre ich aus dem allgemeinen Gemurmel heraus, dass die Sangha sich Sorgen um den Meister macht. Er habe nach einer Tablette verlangt. Sheela und Amrita wechseln sich bei der Betreuung von N. G. ab. Angeblich hat Sheela ihm Wadenwickel gemacht, Amrita bleibt später ganz bei ihm. Weitere Informationen über seinen Krankheitszustand dringen nicht nach außen. Die Mitglieder der Sangha wirken auf mich angespannt und nervös. Die Stimmung neigt sich dem Tiefpunkt zu. „Kennt ihr schon diesen Witz?", frage ich über den Tisch, um die Runde aufzuheitern. „Was sagt ein großer Stift zu einem kleinen Stift? Wachs-malstift!" Es funktioniert, die Sangha lacht! Oder den hier: „Alle Kinder rennen weg vom Guru, nur nicht Schmidt - der geht mit!" Stille. Keiner lacht. „Na, dann habe ich noch einen ..." Doch bevor ich dazu komme, sorgt Bhakti für weitere Beiträge, diesmal wieder guru-konform. Sie hat jetzt das Ruder in der Hand und ich lehne mich erleichtert zurück. Gegen eins löst sich die besorgte Runde schließlich auf.

Kapitel 8 - Begegnungen in der Sangha-Welt

„Um das Heilige, das Namenlose, Zeitlose erforschen zu können, darf man zweifellos keiner Gruppe, keiner Religion, keinem Glaubenssystem angehören, weil Glaubenssysteme Dinge als wahr akzeptieren, die vielleicht überhaupt nicht existieren."[25]

Der nächste Tag beginnt mit einer herausfordernden Yoga-Stunde: unzählige aufeinanderfolgende Sonnengrüße und Heldenhaltungen, aufrecht schauender Hund, herabschauender Hund, linker Baum, rechter Baum und immer wieder Gleichgewichtsübungen ... Die durchtrainierte Amrita ist liebevoll-erbarmungslos mit uns. Erst in der Entspannungssequenz setzt bei mir der Genuss ein. Über den Guru verliert keiner ein Wort. Die gedrückte Stimmung vom Vorabend ist wie weggeblasen. Mitglieder der Sangha tauschen sich entspannt in Grüppchen aus. Ich gehe schon zurück zum Haupthaus und treffe auf der Frühstücksterrasse Kiki. Sie ist mit einem Kugelschreiber und einem Schreibblock ausgerüstet, um alle Namen

---

[25] Krishnamurti, Jiddu (2000). Das Licht in dir. S. 35. München: Econ. (Copyright 1999 Krishnamurti Foundation Trust, Ltd. Reprinted by arrangement with Shambhala Publications Inc., Boulder, Co. mit freundlicher Genehmigung von edition steinrich, Ursula Richard, Chefredakteurin Buddhismus aktuell I Literaturmanufaktur)

aufzuschreiben. „Ja, ik kann geen namen onthouden", verrät sie mir. „Ja, mit den spirituellen Namen ist das schon speziell", meine ich zwinkernd zu ihr. Kiki spricht ein wenig deutsch, ihr Englisch sei aber besser. „Let's talk in English!", einigen wir uns. „It's a pity, that rule with the pool", klagt Kiki. Auch sie bedauert es, nicht jederzeit ins Schwimmbad zu können. „Do you know how this guru became enlighted?" Ob ich seine Erleuchtungsgeschichte wüsste, fragt mich Kiki auf dem Weg zum Satsang. Neugierig bleibe ich stehen und schüttele den Kopf. „Do you know that he worked before his enlightenment as a journalist on tv and as an advertising manager?" Was? Mr. N. G. hat früher tatsächlich als Werbemanager gearbeitet? „Yes!", behauptet Kiki, sie wüsste es von Amrita, die sie aus Holland kenne. N. G. sei auch viel gereist und habe einige Zeit in Den Haag gelebt. Interessantes Leben, stelle ich fest. „Yes, and he studied philosophy as well." Na, dann hat er ja ein super Rüstzeug für sein Guru-Amt. „He meditated quiet a long time in India, then he met a famous guru, then it happened!" Also die klassische Erleuchtung in Indien.

Die anderen sind bereits im Meditationsraum. Leise holen wir uns ein Sitzkissen und nehmen eine Sthiram Sukham Asanam-Haltung[26] ein. Auf zur wahren Befreiung des Geistes! Von wegen. Dank Kikis Infos kreisen

[26] Eine Meditationshaltung. Durch Praxis mit Kraft (Sthira) und Gelassenheit (Sukham) entsteht Harmonie im physischen Körper (Asana).

meine Gedanken nun in der quietschbunten Welt der Werbung: Blablabla ...Erleuchten Sie Ihr Leben! Höhere Bewusstseinszustände im günstigen Zehnerpack. Greifen Sie zu - werden Sie heute noch Guru-Azubi! Blablabla ... Bis schließlich die Tür aufgeht und der meisterliche Werbefachmann begleitet von einer mit Blumen im Haar geschmückten Gita den Raum betritt. Anscheinend wird er zu jedem Auftritt abgeholt und begleitet. N. G. wirkt an diesem Morgen blass und ein wenig geschwächt. Die weiße Kleidung lässt ihn fast fahl erscheinen. Mit langsamen Schritten geht er an uns vorbei und betritt seinen Podest, die Hände rituell vor dem Herzen gefaltet. Noch länger als gestern verharrt die anwesende Truppe in der Demutshaltung, die Stirn auf den Boden gepresst. Sein Namaste-Gruß lässt sie langsam zum Sitzen kommen. Mit hoch erhobenen Händen segnet der Meister seine Schüler. „May there be peace on earth! Friede, Friede, Friede!" Schon senken sie wieder ihre Köpfe. Nala streckt dabei verehrungsvoll ihre gefalteten Hände empor. Kamala atmet schwer neben mir. Mohini verharrt in der Demutshaltung. Der Guru greift nach einem Klöppel, der neben seinem Sofa bereitliegt, und schlägt den Gong.

Oh, macht er jetzt Musik für uns? Etwa Obertonklänge? Um mich herum machen alle die Augen zu, nur Kiki schaut mich fragend an. Ich zucke mit den Schultern und nicke in Richtung der anderen. Dann schließen auch wir die Augen. Eine ganze Zeit lang teilen wir eine stille Meditation. Mit einem kraftvollen „Gong!" holt uns der Meister wieder zurück. Mit einer ausholenden Armbewegung nimmt er einen kunstvoll angerichteten Obstteller an sich, der auf dem Tischchen für ihn bereitgestellt wurde. Von dem fruchtigen Gemälde wählt er ein Stück Ananas und steckt es sich langsam in den Mund. Er blickt noch langsamer in die Runde und übergibt dann Prathna wohlwollend den Teller. Diese nimmt ebenfalls eine Frucht herunter und reicht das Arrangement weiter. In Stille teilen wir das Obst mit dem Meister. Der leere Teller verweilt bei Bhakti. „May there be peace on earth." Wie, schon wieder? „Friede, Friede, Friede!" Und zur Krönung noch ein „Gong!". Schnell beugen sich die Sangha-Freaks nach unten, während der Guru aufsteht, die Stufen herunterschreitet und im Vorbeigehen Langbein-Kamala an der Schulter berührt. Diese springt rasch auf und begleitet den Meister aus dem Raum. „Ihr könnt jetzt auch gehen", dann entlässt uns wenig später eine bedrückt wirkende Gita. Wäre sie denn lieber an der Stelle von Kamala? Ist sie womöglich eifersüchtig?

Gelangweilt spaziere ich auf dem Gelände herum. Nadeen putzt gewissenhaft das Auto des Meisters. Wenn der so weitermacht, ist der Lack bald ab. Nala pflückt Blumen im Garten, wahrscheinlich bereitet sie ein neues Blumen-Arrangement für den Meister vor. Vom Haupthaus kommen mir Tara und Bhakti entgegen. „Hi, Lena!“, säuseln sie überschwänglich, als ob die letzten zehn Minuten zehn Jahre gewesen wären. „Hast du Lust, mit uns ins Dorf zu fahren? Komm doch mit!“ Mangels eines Alternativprogrammes stimme ich prompt zu. Im Auto erfahre ich, dass Bhakti, ebenso wie ich, unter anderem in Zürich studiert hat. „Philosophie“, lässt sie mich wissen „Ach, bei Vincenzo de Luca?“ frage ich. Doch Bhakti geht nicht weiter darauf ein. Tara ist schweigsam und gibt nichts von sich preis. Die Stimmung im Auto ist seltsam gedrückt. Meine Lust, das Gespräch am Leben zu erhalten, schwindet. Schon bereue ich es, mit den beiden losgefahren zu sein. Nach weiteren zehn Minuten Schweigen erreichen wir Civitella Marittima, ein Dorf, dessen Häuser sich auf einem Berghang aneinanderschmiegen. Im Ort steuern meine Begleiterinnen auf das einzige Café zu. Es liegt an der Piazza des Dorfes gegenüber der Kirche. „Hier gibt es so richtig interessante Italiener“, tönt es aus Tara heraus. „Zumindest der Besitzer des Cafés ist ein geiler Typ!“, setzt sie nach. Sie kennen ihn von den vorherigen Retreat-Veranstaltungen. Aha, denke ich und bedauere nun noch mehr, mich auf die beiden eingelassen zu haben. Sie suchen einen Tisch im Freien aus und entdecken dann Giovanni, den drahtigen Eigentümer des Lokals. „Belle“, ruft uns der Mittvierziger grinsend zu und tut so, als ob er die beiden vermisst hätte. „Mi amore, bellissime, seid ihr wieder im Camp?“, fragt er über den

Platz hinweg lautstark auf Italienisch. Mit ausgebreiteten Armen kommt er auf uns zu. Ich habe spontan das Bedürfnis, mich zu ducken. Brauche ich aber nicht, weil er zum Glück die beiden Mädels rechts und links in den Arm nimmt und Wangenküsse verteilt. „Che bella?“ Er lächelt mir freundlich zu und will wissen, wer ich denn sei. Statt ihm zu antworten, knutschen meine Begleiterinnen den feschen Südländer heftig zurück. Sofort verliert er das Interesse an mir. Ich atme auf. Schnell sind die drei in eine Konversation vertieft, zusammengeflickt aus Deutsch, Englisch und italienischen Bröckchen. Sie wirken vertraut miteinander und kommen humorvoll mit dem Sprachchaos zurecht. Ihre Getränkebestellung hat auf jeden Fall bestens funktioniert. Bei Latte Macchiato und heißer Schokolade sitzen wir schwitzend in der grellen Sonne. Ein Außenthermometer zeigt 30 Grad an. Flirtend und dem Italiano weitere Küsse zuwerfend schwelgen Bhakti und Tara in Erinnerungen. „Boah, war das toll letztes Jahr!“, haucht Tara. „Ja, weißt du noch, wie viel Spaß wir hatten?“ Bhakti grinst sie breit an. Also, wegen der inneren Einkehr und Stille scheinen sie das Retreat wohl eher nicht gebucht zu haben. Inzwischen hat der Testosteronspiegel des Cafébetreibers mächtig zugenommen. Er holt seine Musikanlage nach draußen und dreht sie auf. „Ti amo“, tönt uns schnulzend aus dem Radio entgegen. Giovanni dreht am Sender und aktueller Beat stampft über die Piazza.

Schlawenzelnd tanzt der Italiano um uns herum. Die beiden Ladies machen mit und bewegen sich lasziv im Rhythmus der Musik. Ich bleibe mit dem deutlichen Gefühl, nicht dazuzugehören, sitzen und schaue dem Spektakel zu. Auf einmal kommt eine etwa dreißigjährige, hübsche Italienerin aus dem Haus gerauscht. Sie greift Giovanni von hinten an die Schulter und zieht ihn in Richtung Küche. Die Mädels schauen ihm enttäuscht hinterher. „Lass uns abhauen!“, beschließt Bhakti und die beiden gehen umgehend zum Auto. Ich lasse meine halbe Tasse Schokolade stehen und stolpere hinterher. Während der Rückfahrt wird wieder geschwiegen. Was für ein Stimmungswandel. Liegt das an mir?

Als wir auf dem Seminargelände ankommen, bin ich froh, aussteigen zu können. „Tschüss, ihr beiden!“, rufe ich Tara und Bhakti beim Verlassen des Parkplatzes zu. Ohne eine Antwort abzuwarten, gehe ich rüber zum Haupthaus. Was war das denn für eine fragwürdige Einladung? Wollten die sehen, wie ich drauf bin? Machen die das mit jeder Neuen so? Hat vielleicht sogar der Guru den Ausflug angeordnet, um mehr über jeden Teilnehmer zu erfahren? Nachdenklich gehe ich zum Speisesaal und werfe einen Blick auf das Ankündigungsbrett. Grandios, der Pool ist wieder freigegeben! Am Schwimmbecken sitzen und liegen die Damen im Badeanzug. Verwirrt frage ich in die Runde: „Ist heute Kleiderzwang?“ Keine Antwort. Die nun züchtig bekleidete FKK-Riege schnackt eifrig miteinander. „Na, gut“, nuschel ich und denke an meinen Badeanzug, der auf meinem Zimmer liegt. Zu faul, um den jetzt zu holen, ziehe ich mich einfach aus und springe ins Becken. Während ich meine Bahnen ziehe, ruft Kamala zu der gerade ankommenden Amrita: „Der Meister ist mit Shandana unterwegs!“ Amrita zieht die Augenbrauen hoch: „Wie, mit Shandana?“ „Sie sind ans Meer gefahren.“ Ohne ein Wort wendet sich Amrita um und geht zum Haus zurück. Als sie nach einigen Minuten wiederkommt, hat sie ihren Bikini dabei. Not amused legt sie sich etwas abseits von uns auf eine Liege. Offenbar ist heute kein FKK-Tag.

Kapitel 9 - Guru on duty

„Come una stella, unabbaglio, la fiamma di una lampada, un'illusione, una goccia di rugiada, una bolla d'acqua, un sogno, un lampo, una nuvola- guarda in tal modo ai fenomeni composti!"[27]

Es wird Abend. Ein schnelles Styling, ein viel zu langer Blick in den Spiegel und dann geht es zum Medi-Raum. Echt crazy, dass man sich für die stille Einkehr äußerlich so vorbereitet. Ein Retreat als Schönheitskonkurrenz - und ich mache auch noch mit. Wozu eigentlich? Aus der Nummer bin ich doch schon lange raus. Dachte ich jedenfalls nach den letzten Selbsterfahrungsseminaren. Irgendwann glaubte ich verstanden zu haben, dass die Oberfläche der Vergänglichkeit unterliegt und der zeitlose Geist gepflegt werden will.

Vor dem Gruppenraum treffe ich auf Shandana, die ziemlich entspannt aussieht. „Namaste, Liebes", begrüßt sie mich strahlend. Ihre filigrane Gestalt bebt vor Lebenskraft. Ihre nachtschwarzen Haare trägt sie zum ersten Mal offen. Tänzelnd betritt sie vor mir den Raum. Die Meeresluft scheint ihr gutgetan zu haben. Auch Mr.

---

[27] Dalia Lama (2014). Prayers and Texts. Preghiere e testi. In occasione degli insegnamenti di Sua Santità il Dalai Lama. Livorno

„Wie ein Stern, eine Blendung, die Flamme einer Lampe, eine Illusion, ein Tautropfen. Ein Wassertropfen, ein Traum, ein Blitz, eine Wolke. Schaue wie die Welt aus diesen Phänomenen besteht." (Übersetzung der Verfasserinnen).

N. G. strahlt beim Hereinkommen. Er hat uns kaum warten lassen. „Namaste, Shanti, Shanti, Shanti", segnet er uns gut gelaunt. Der Meister scheint genesen zu sein. Während er seinen gepflegten Körper in den Lotussitz bringt, spricht er zu uns: „Möge die Liebe zu euch finden. Friede in euren Herzen. Friede auf Erden. Friede. Friede. Friede." Sheela, die neben mir sitzt, fängt an zu schniefen. Tränen laufen ihr über das Gesicht. Nadeen verneigt sich wippend, vor und zurück, vor und zurück. „Was bewegt Sie?", möchte N. G. nun großzügig wissen. „Sie dürfen mir Fragen stellen." Sogleich gehen zwei, drei, vier Arme hoch. Wie in der Schule! Shandana ist die Auserwählte. Sie will vom Meister wissen, wie sie die Liebe in sich bewahren kann. „Eine gute Frage, my dear." Der Guru lässt sich einen Augenblick Zeit mit der Antwort. Dann beginnt er: „Das Geheimnis ist, kein Verlangen zu haben. Friede in euren Herzen. Friede auf Erden. Friede. Friede. Friede." Aha, denke ich mir. Auf einmal höre ich meinen Namen. „Lena", sagt der erlauchte Mund des Gurus. Was! Erschreckt zucke ich zusammen. „Lena!" Warum? Ich habe doch keine Frage. „Lena, kommen Sie nach vorne." Er meint wirklich mich. Ich erhebe mich zögerlich und gehe langsam zu ihm. Nun stehe ich ihm direkt gegenüber. Nach dem Vorbild der anderen knie ich mich vor ihm hin, neige meinen Kopf, beuge mich immer mehr nach vorne und strecke meine Arme mit geöffneten Handinnenflächen aus. Der Meister berührt meine Stirn und beide Hände. „Friede im Herzen“, haucht er mir zu. „Shanti, Shanti, Shanti.“ Ich setze mich auf und blicke direkt in seine tiefgründigen Augen. Zeit und Raum verlieren an Bedeutung. Ein unsichtbarer Sog umfasst mich. Es gibt nur noch ihn und mich. Wie in Zeitlupe bewegen sich seine Mundwinkel charmant nach oben. Ich lächle zurück. Die Zeit steht still. Plötzlich fragt mich der Guru auf Englisch: „Why are you here, my dear?“ Tranceartig antworte ich: „Der Ruhe wegen“. „Und was bringen Sie mit?“, will er wissen. „Liebe“, erwidere ich gedankenverloren. Meine unreflektierte Antwort katapultiert mich sofort ins Wachbewusstsein zurück. Was rede ich da eigentlich? Prompt beginnt N. G. mit einem Monolog über mein Mitbringsel. „Liebe! Liebe! Ja, sie unterliegt kulturellen Konzepten. Oftmals“, so behauptet er, „wissen die Menschen nicht wirklich, was Liebe ist.“ In der Werbung, in Filmen und Büchern werde eine romantische, verklärende Liebe dargestellt, die gewisse Vorstellungen und Erwartungen erzeuge. Wir seien geprägt von diesen Bildern. So würden wir Zuwendung und den Erhalt von Geschenken mit der Vorstellung von Liebe verbinden. Hingegen sei die wirkliche Liebe bedingungslos und immer präsent. Der Liebe müsse nichts durch irgendeine Mühe hinzugefügt werden. Stattdessen könne sie einfach durch das Medium der Stille wahrgenommen werden. „Werdet still in euch! Lauschet eurem Herzschlag!“, flüstert er uns zu. „Der Sinn des Lebens ist, in Frieden und Stille glücklich zu sein. Ohm, Shanti, Shanti, Shanti." Die Gruppe ist leise und Mr. N. G. hat offenbar doch etwas zu sagen. Seine magischen Worte klingen im Raum nach. Sie berühren uns alle. Mich erinnern sie an mein eigenes Philosophieren zum Thema Liebe. Eigentlich sollten Liebesfilme, Popsongs und Schlager mit Warnhinweisen versehen werden: Achtung! Das entspricht nicht der Realität! Weder ein Mensch noch das Leben selber kann kontinuierlich die Erwartungen erfüllen, die nur zu oft über die Liebe vermittelt werden. Derartige Konzepte schaffen eher eine Grundlage für permanente Enttäuschung und Schmerz. Liebe kann nur in uns selber gefunden werden. Dann werden Begegnungen zu einem himmlischen Fest, ohne verzweifelte Versuche, sich gegenseitig auszubeuten. In dieser Hinsicht bin ich konform mit Mr. N. G. „What are you doing in your life at home?" Die Frage des Meisters, was ich im Leben so mache, beendet mein Nachsinnen. Ich erzähle von meinem Beruf und der Beschäftigung mit meiner Doktorarbeit. „Dadurch kann ich den Schrott in meinem Kopf gut kompensieren", erkläre ich ihm. „Was für einen Schrott haben Sie denn in Ihren Gedanken?", bohrt der Meister nach. „Konditionierungen, Prägungen, gesellschaftliche und konsumorientierte Manipulationen", zähle ich auf. Daraufhin nickt er zustimmend, so als würde er mich verstehen können. „Was machen Sie denn therapeutisch genau?", will er jetzt explizit von mir wissen. „Vielleicht kann ich mal Ihre Hilfe gebrauchen." Meint er das ernst? „Ich arbeite als Psychologin", antworte ich ausweichend. Und wieder schaut er mich für längere Zeit an. Die Trance setzt wieder ein. „Welcome. Friede, Friede, Friede." Mit einem eindringlichen Blick verabschiedet er mich. Erneut senke ich meinen Kopf, stehe mechanisch auf und gehe langsam zurück zu meinem Platz.

Während ich mich auf mein Meditationskissen sinken lasse, tippt Mr. N. G. auf seinem iPhone herum. Dann überreicht er das Handy Nadeen. Dieser schließt das Gerät an die Lautsprecheranlage an, worauf sphärische Klänge durch den Raum schweben. Von Gita begleitet verlässt der Guru unterdessen die verzauberte Gruppe.

Im Speisesaal verkündet Gita große Neuigkeiten: „Der Meister hat beschlossen, heute mit uns zu Abend zu essen!" Sofort breitet sich nervöses Geschnattere aus. Die Sangha ist aus dem Häuschen. Ihr geliebter Guru schenkt ihnen noch einmal die Gnade seiner Anwesenheit. Shandana und Kamala laufen aus dem Raum und kommen kurz darauf mit frischem Make-up wieder. Tara holt geschwind die speziellen Stoffservietten für Mr. N. G. und Nadeen das Blumengesteck aus dem Meditationsraum. Amrita und Bhakti zupfen ihre Kleidung hektisch zurecht. Alle setzen sich an den großen Tisch.

„Sitzen meine Haare?", fragt mich Sheela verstohlen. Dann ist es auch schon so weit. Der Guru hat seinen nächsten Auftritt.

Prompt ist es still im Raum. Mit gesenktem Blick fügen alle ihre Hände vor der Brust zusammen. Gemächlich und süffisant lächelnd schreitet der Meister von einer Seite des Raumes zur anderen. Mit einem kraftvollen „Namaste!" begrüßt er erneut die Gruppe. Theatralisch senkt er abrupt die Stimme: „Friede. Satsang ist Satsang, aber beim Abendessen gehört der Wein dazu." Ab sofort wird also auch Alkohol getrunken. „Gibt es jemanden in der Gruppe", will er nun wissen, „die keinen Alkohol trinkt? Aus religiösen, diätischen oder sonst welchen Gründen?" Das wird ja immer weltlicher. „Ja, ich", antworte ich zaghaft. Niemand sonst meldet sich. Mit sanfter Stimme wendet sich der Guru mir zu: „Aus religiöser Einstellung?" „Nein." Mehr sage ich nicht dazu, das muss reichen! Mein klares Bewusstsein ist ganz einfach wacher ohne Alkohol.

Stilvoll setzt sich Mr. N. G. ans Kopfende der Tafel. Ein königlicher Ehrenplatz! Ein Weinkrug steht für ihn bereit. Alle anderen können sich bei der Seminarhausleitung ihren eigenen Flaschenwein kaufen. Eine kleine Auswahl an vino rosso und vino bianco wird in einem Regal präsentiert. Die beiden Niederländerinnen Amrita und Kiki sitzen zur rechten und linken Seite des Meisters.

Ich habe am anderen Ende des Tisches Platz genommen, wo es noch freie Stühle gibt, direkt gegenüber von Shandana. Ein Gespräch kommt nicht zustande, da ihr Blick immer wieder zum Guru wandert, der sie ignoriert. Enttäuscht schaut sie auf ihren Teller. Offensichtlich lässt die Wirkung der Meeresluft schon nach. Und womit ist der Meister beschäftigt? Während er mit seinen Tischnachbarinnen eine niederländische Konversation betreibt, schaut er komischerweise immer wieder zu mir herüber. Dann hebt er sein Weinglas und prostet mir über den Tisch hinweg zu: „Friede. Auf die Liebe." „Auf die Liebe", erwidere ich zwinkernd. „Op de liefde", mischt sich Amrita ein und hebt ebenfalls ihr Glas. Die anderen machen es ihr nach. Inzwischen wird auch das Essen serviert: erst lauwarme Tomatensuppe, dann Tofu und Gemüse als Hauptgericht. Lecker! Mir schmeckt es, während Shandana keinen Bissen herunterbekommt. Bevor der Nachtisch gereicht wird, steht Mr. N. G. auf und schlendert an der Tafel entlang. Am Tischende bleibt er stehen und setzt sich auf den freien Stuhl neben mir. Er wendet sich mir zu und hebt jugendlich gelassen seine rechte Hand zur Begrüßung. Zögerlich schlage ich gegen seine heilige Handfläche. Shandana verfolgt unruhig jede Bewegung. Die Arme. Dann wendet er sich Soya zu, die neben ihr sitzt: „Was macht unsere Homepage, meine Liebe?" Für einen kurzen Moment spricht er mit ihr über die Aktualisierung seiner Webpräsenz. Offenbar verteilt der Meister seine Gunst häppchenweise. Mal hier ein Wort, mal da ein Blick und alle lechzen nach mehr! „Why don't you dance?“, ruft der Meister plötzlich. Das schlägt ein wie ein Blitz. Sofort stehen alle auf. Wir räumen die Stühle und Tische beiseite. Nadeen kümmert sich um die Musik. „Lauter!“, befiehlt der Guru glamourös. Und so geschieht es. Goa-Beat dröhnt durch den Raum. Sheela schaltet einige Lichter aus. Jetzt wird getanzt. Ich mache mit. „Schwing dich aus allem heraus, was dich beengt!“, ruft der Meister jetzt der schüchternen Nala zu. Die Atmosphäre ist energievoll. Hin und wieder treffen sich meine Blicke mit denen des tanzenden Gurus, der seine Hüften gekonnt vibrieren lässt. Prickelnde, heiße Wellen durchströmen mich. Mein ganzer Körper bebt. Beim nächsten Song ruhe ich mich aus und setzte mich in eine Nische am Raumende. Bewundernd bestaune ich Uma beim Tanzen. Die älteste Teilnehmerin des Retreats ist wundervoll ausgelassen. Wie ein junges Mädchen lässt sie sich von der Musik tragen. Plötzlich sitzt der Meister neben mir. Verwundert schaue ich ihn an. Er blickt zurück. Das fühlt sich gut an und spontan sage ich: „Danke.“ Zärtlich nimmt er meine Hand und flüstert mir zu: „Wir werden uns hier eine schöne Zeit machen.“ Unsicher ziehe ich meine Hand zurück. Das Trommeln der Musik, das Schlagen meines Herzens … Mir wird schwindelig. Ich stehe wie in Trance auf und tanze weiter. Die Bewegung tut mir gut, die Leichtigkeit ebenso, das Aussteigen aus dem Alltag, das Feiern des Lebens … Dann setze ich mich woanders hin, nicht wieder direkt zum Meister. Sondern ihm gegenüber. Ich schließe die Augen und nehme seine mir zugewandte Aufmerksamkeit wahr. Langsam steht er auf und verlässt schweigend den Raum.

Kapitel 10 - Next day in paradise

„Solange du Erfahrungen hinterherjagst, und seien es spirituelle Erfahrungen, wirst du niemals als Zeuge ruhen, geschweige denn in den allgegenwärtigen Ozean des Einen Geschmacks stürzen."[28]

Der nächste Tag beginnt wie üblich mit Yoga. Kiki ist voll dabei. Immer wieder zwinkert sie mir bei schwierigen Körperhaltungen zu. Während wir fleißig unsere Übungen praktizieren, sehe ich auf dem Weg einen Jogger herankommen. Sein rotes Designer-Sportoutfit ist ein leuchtender Punkt in der milden Toskana-Landschaft. Wir gehen zur nächsten Yoga-Stellung über. Ich stelle meine Füße weit auseinander, lasse meinen Oberkörper nach vorne baumeln und strecke dann mein Gesicht durch die gegrätschten Beine. Der smarte Jogger nähert sich mir nun auf dem Kopf. Geschmeidig bewegt er sich zu einer unhörbaren Musik. In seinen Ohren stecken stylische, weiße MP3-Player-Stöpsel. Ich glaub es nicht, es ist unser Guru! Schon läuft er an der Gruppe vorbei, die rechte Hand lässig zum Gruß gehoben. Geflasht richte ich mich auf. Der hält sich fit! Kein Wunder, dass er so gut aussieht. Noch vor dem Frühstück wirkt er wie aus einem Lifestyle-Magazin entstiegen. Er hat ja auch Zeit dafür und

---

[28] Wilber,Ken (2001). Einfach „Das". Tagebuch eines ereignisreichen Jahres. S. 345. Frankfurt am Main: Fischer.

muss sich um gar nichts kümmern. Seine Anhänger hofieren ihn rund um die Uhr. Beim Morgentee sinniere ich weiter über das Luxus-Programm des Meisters. Er frühstückt nicht mit uns, sein Essen wird ihm mit einer Lotusblüte auf dem silbernen Tablett am Pool serviert.

„Guten Morgen, Lena." Prathna holt mich aus meinen Gedanken. Zum ersten Mal kommen wir beide ins Gespräch. „Ich freue mich so auf das Fest unseres geliebten Meisters", schwärmt die erfolgreiche, gepflegte Managerin Anfang vierzig. Fest? Ach ja, die Party in der letzten Retreat-Woche. „Was ist das überhaupt für ein Fest?", möchte ich von ihr wissen. Bereitwillig erklärt sie mir den Verlauf des Guru Purnima: Ursprünglich sei es der Feiertag des weisen Vyasa gewesen. Dieser habe im alten Indien heilige Schriften gesammelt, wie die Veden und das Brahma-Sutra. Im Laufe der Zeit habe sich diese Tradition nach und nach gewandelt. Heutzutage werde an diesem Tag der Guru, der spirituelle Lehrer, gefeiert. Dabei werden sein Wissen und das ihn durchdringende, unvergängliche und unwandelbare Sein verehrt. Die Sangha setze sich an diesem Tag zu Füßen des Gurus, zeige ihm Gehorsam und huldige seiner Erleuchtung. Als Zeichen ihrer Dankbarkeit und Wertschätzung bringen sie Geschenke und Blumen mit. In der Regel haben die Frauen eine rote Rose für Mr. N. G. dabei. „Der wird ja zauberhaft vereehrt!", werfe ich ein. „Ja", haucht Prathna, während wir gemeinsam zum Meditationshaus schlendern. „Als Höhepunkt dürfen wir unserem Meister die heiligen Füße waschen!" „Hammer", rutscht es mir heraus. „Ja, das dürfen aber nur wenige Auserwählte. Diese bestimmt der Meister persönlich. Es ist eine besondere Ehre und, ganz ehrlich, jedes Jahr hoffe ich, dass ich an der Reihe bin." Ja, das wünsche ich dir – und mir nicht, bange ich insgeheim. In seiner Meisterlinie, fährt sie fort, sei es üblich, alles dem Guru zu Füßen zu legen und ihm zu vertrauen. „Lena, du musst wissen: Er hat dich vor langer Zeit auserwählt und er wird dich in die Freiheit führen. Auch wenn er sagt, dass du nicht geführt werden musst und bereits frei bist." Hä, das ist ja geschickt gemacht. An und für sich will ich doch in die Freiheit geführt werden und nicht in die Unterwerfung. Aber wenn die Unterwerfung der Weg in die Freiheit ist ... Prathna spricht weiter, sie ist voll im Fluss: „Und weißt du, Purnima bedeutet Vollmondtag. So, wie der Vollmond die Sonne reflektiert, soll besonders an diesem Tag das strahlende Sonnenlicht die Weisheit unseres Gurus widerspiegeln. Ist das nicht einmalig?" Ich nicke nur. „An diesem Ehrentag werden wir für den Meister ganz besondere Mantras singen. Wir schmücken das Gelände und bereiten ein Festmahl zu. Denn, liebe Lena, denke mal, schließlich kommen Gäste aus ganz Europa hinzu, alles Anhänger unseres geschätzten Meisters." „Ach ja", erwidere ich höflich, als wir auch schon das Meditationshaus erreichen.

Mr. N. G. trägt heute eine helle Robe. „Friede, Friede, Friede. May there be love on earth!“, wünscht er der Weltbevölkerung zur Einstimmung. Heute also Liebe! Seine Crew senkt ehrfürchtig die Köpfe. Kamala möchte wissen, was sie mit ihrem Verlangen nach Berührung machen soll. „Fragen Sie sich immer wieder: Wer bin ich? Beschreiten Sie den Weg der Selbstergründung. Üben Sie sich im Loslassen.“ Schon schließt er seine erleuchteten Augen und die Meditation beginnt. Ok, loslassen! Immer wieder tauchen flüchtige Gedanken auf. Loslassen! Schon wieder, die Gedanken kommen von allen Seiten. Loslassen! Loslassen. Loslassen ... Im Bewusstseinsstrom breitet sich Stille aus. Plötzlich entdecke ich, dass diese Stille das reine Sein reflektiert. Immer wieder dringen Gedanken in seine Weite ein und verschwinden schließlich. Empfindungen entstehen und verflüchtigen sich wieder, erst Unsicherheit, dann Beklommenheit. Ich verweile als unbewegte Zeugin. Glücksgefühle tauchen auf und vergehen, Freude entsteht und zieht vorbei ... Mir wird klar, dass alle Dinge der äußeren Erscheinungswelt ihre eigene Vergänglichkeit bereits in sich tragen. Die Weite des reinen Seins offenbart sich mir wie die weiße Leinwand in einem Kinosaal. Die Bildfläche bleibt bei jedem Film vom Anfang bis zum Ende die gleiche - allgegenwärtig, unveränderlich, immanent. Die Zuschauer jedoch verlieren sich in der Betrachtung des Lichtspiels, das darüber flimmert.

Wer unterliegt nicht dem Bann der Matrix? Und wer verliert sich nicht im Lebensfilm? Wenn man diesen Film dann für wirklich hält und sich mit der Rolle des Ich identifiziert, wird der Samen des Leids gesät. Das ist mir alles nicht neu, und doch spiele ich im Alltag immer wieder bereitwillig meine Ich-Rolle. Jetzt aber entspanne ich mich auf dem Kinositz als reine Beobachterin. Ruhend, ohne etwas verändern zu wollen, ohne etwas zu beurteilen, zu beschleunigen oder anzuhalten. Meditatives Gewahrsein im tiefsten Teil meiner Selbst, klare Stille im einfachen, allumfassenden Sein ... Schließlich beendet der Guru die Meditation: „Shanti, Shanti, Shanti." Und schon ist die braungebrannte Personifizierung der Erleuchtung, begleitet von der wunderschönen Nala, aus dem Raum entschwunden. Langsam verlässt auch die Sangha das Gebäude. Kamala rauscht wie eine Furie an allen vorbei.

Vom Lebenselixier durchdrungen schwebe ich nach draußen ins Sonnenlicht. Wie wunderschön die Welt ist! Meine unbändige Lebenslust steckt Kiki an, die gemütlich vorne an der Tür auf mich gewartet hat. Rasch nimmt sie meine rechte Hand und barfuß hüpfen wir gemeinsam durch den Garten. Kiki singt laut ein Mantra und streckt ihre Hände der Sonne entgegen, ich stimme ein. Nachdem wir einige Runden in respektvollem Sicherheitsabstand um das Haus des Meisters gesprungen sind, ändern wir die Richtung. Bingo! Dadurch entdecken wir eine versteckte Tischtennisplatte hinter dem Meditationshaus. Ich sage ja immer: Mauern einreißen, neue Wege gehen! Der Profit: Zwei Schläger und einige Bälle scheinen nur auf uns zu warten. „Schiet op!", fordert Kiki mich auf. Obwohl der Ball mehr im Gras als auf der Platte ankommt, haben wir Spaß. „Wir sind voll im Fluss, in tune", sporne ich meine Mitspielerin an. Als wir keine Lust mehr haben, uns zu bücken und nach dem vertrackten Ball zu suchen, laufen wir zur Schaukel. Kiki kommt zuerst an: „Who can get higher?" Und wir schaukeln um die Wette. Unsere Lachsalven sind nicht zu überhören. Schon kommt Gita mit einer Kamera herbeigeeilt: „Habt ihr etwas dagegen, wenn ich das hier in Facebook setze?" Sie schießt mehrere Fotos von uns. „Nö!", rufen wir einstimmig. Zufrieden mit ihren Beweisfotos für die hiesige Glückseligkeit fährt Gita die Linse wieder ein. „Ach so", verkündet sie beim Gehen, „habe ich ganz vergessen: Wenn ihr außerhalb essen geht, achtet bitte darauf, kein Fleisch oder Fisch zu bestellen. Der Meister möchte das während des Retreats nicht!" „Hä?", rutscht es Kiki heraus. Ich bin sprachlos. Gita fährt fort: „Ja, und trinkt auch keinen Alkohol unterwegs!" Ohne eine Antwort abzuwarten, dreht sie sich um und stolziert zum Haupthaus zurück. Kiki und ich sehen uns betreten an. Die Stimmung ist gekippt.

„I must tell you something." Kiki senkt die Stimme. „Gisteravond, aan tafel, hat N. G. steeds opnieuw over my back, meinen Rücken gestreichelt. That's strange, isn't it?" Ja, und ich erinnere mich an seine heißen Blicke und sein Versprechen, dass wir uns hier eine schöne Zeit machen. Könnte es sein, dass dieser Guru ...? Nachdenklich gehen wir auf unsere Zimmer. Ich habe so ein großes Mitteilungsbedürfnis, dass ich den Nachmittag mit stundenlangem Telefonieren verbringe. Zuerst rufe ich meinen Liebsten Miro an, dann meinen guten Freund Till und schließlich meinen Bruder. Ihnen allen schildere ich die Situation vor Ort. „Glaub mir", beteuere ich jedem, „ich bin hier in einer Sekte gelandet." „Ach, du meine Güte. Das tut mir echt leid, Lena", stammelt Miro empathisch. Mein Bruder recherchiert für mich und findet Konkreteres heraus: „Letzte Woche wurde dieser Typ in einem deutschen Yoga-Forum als eine narzisstische Persönlichkeit tituliert." „Wieso in einem Yoga-Forum?", will ich wissen. „Na, der war doch früher Yoga- und Meditationslehrer." „Ach, das auch noch!", rufe ich in den Hörer. „Der soll ja auch Werbefachmann gewesen sein. Hat er dann nach der Arbeit Yoga unterrichtet?" Mein Bruder lacht nur: „Ja, davon habe ich auch gehört. Darum kann er sich ja wohl so gut inszenieren. Er miemt meisterhaft den Erleuchteten. Pass gut auf dich auf, kleine Schwester!" „Bin dabei", murmel ich abwesend und lege auf. Vielleicht weiß Till noch mehr. Als anerkannter Familienaufsteller kommt er viel herum in der spirituellen Szene. Selbst beim Rainbow Spirit Festival ist er jedes Jahr mit einem Stand vertreten. „N. G. wirbt mit den persönlichen Liebeserklärungen seiner Jüngerinnen im Internet, kannste alles Nachlesen", lässt er mich wissen und teilt noch weitere Gerüchte mit mir. Einiges davon kann ich kaum glauben. In ein paar Tagen wird das anders aussehen.

Nach den Telefonaten werfe ich einen Blick auf die Ankündigungstafel. Der Satsang wird heute Abend um eine Stunde verschoben. Von Amrita erfahre ich, dass der Meister heute wieder zum Meer gefahren sei und erst später vom Strand zurückkehren werde. Wen er wohl diesmal dabei hat, sinniere ich, während ich zum Pool gehe. Eine Erfrischungsrunde im Wasser kann meinen hitzigen Gedanken nur gut tun. Dann ziehe ich mich für das Abendprogramm um. Kurz vor halb neun fängt es an zu regnen. Der warme Regen ist eine Wohltat für das Land. Als ich aus dem Fenster blicke, beobachte ich, wie Shandana extrem blass und ruhelos ums Haupthaus schleicht. Wartet sie auf den geliebten Meister? Dann entdecke ich Nadeen. Mit einem Schirm in der Hand steht er vor dem Eingang und scheint auch auf das Eintreffen des Gurus zu warten. Super Service! Und wer bringt mich jetzt trockenen Fußes in den Meditationsraum? Mir bleibt nichts anderes übrig, als durch den Regen zu laufen. Punkt neun sitzt dann auch eine völlig durchnässte Shandana auf ihrem Stammplatz im Medi-Raum. Sie sieht ziemlich mitgenommen aus.

Kapitel 11 - Der Guru bittet zu Tisch!

„Brich auf, solang du kannst, zum Land des Herzens:
Freude wirst du im Land des Körpers niemals finden."[29]

Kurze Zeit später erscheinen N. G. und Gita, wohlbeschirmt von Nadeen. Feierlichen Schrittes nimmt der Guru seinen blumengeschmückten Platz ein. Sein Teint hat noch mehr Farbe bekommen. Mit professioneller Würde schließt er seine heiligen Augen ... Wir tun es ihm nach. Meine Gedanken sind mit einer ausführlichen SMS beschäftigt, die mein Freund kurz vorher an mich weitergeleitet hat. Er erhielt sie am Nachmittag überraschenderweise von Tara, die von seinem Meditationsseminar in Hamburg. In ihrer Nachricht schwärmt sie von der Schönheit der Toskana und von dem wundervollen Retreat. Sie genieße das Wetter und die Tanzabende. Wann er denn endlich nachkommen werde, will sie von ihm wissen, und wie es ihm so gehe. Er solle doch etwas von sich hören lassen. Die Nachricht beendet sie mit einem einladenden Baci-Küsschen. Was für ein Luder! Ich bin total schlecht drauf. Als ich Miro vor zwei Tagen am Telefon erzählt habe, dass Tara hier ist, verriet er mir, dass sie ihm bereits in Hamburg eindeutige Angebote gemacht habe. Der Shit geht mir jetzt

---

[29] Harvey, Andrew (2001). Giovanni und Ditte Bandini (Übers.). Die Lehren des Rumi. Weisheiten des Herzens. S. 54. München: dtv.

nicht aus dem Kopf.. Zu meditieren gelingt mir überhaupt nicht. Stattdessen nimmt mein Frust zu. Innerlich koche ich. Der Meister verlässt den Raum, diesmal ohne Musikuntermalung, und geraume Zeit später erhalten wir die Erlaubnis, zu gehen. Sofort treibt es mich zu Tara, die gerade ihr Meditationskissen wegräumt. „Das Baci hättest du dir sparen können“, fauche ich. Sie blickt mich mit großen Augen an. In diesem Moment denke ich an Watzlawicks Anleitung zum Unglücklichsein und die Geschichte mit dem Hammer. Schon muss ich über meinen eigenen Auftritt lachen. Tara hingegen wird bleich. Sie antwortet nicht. Offensichtlich hat ihr meine Direktheit die Sprache verschlagen, mein spontaner Stimmungswandel überfordert sie. Ihr Blick wandert nach unten. Das ist mir auch schon wieder zu dumm. Ich lasse sie stehen und eile durch den Regen ins Haupthaus zurück. Da ich müde bin, beschließe ich, auf das späte Abendessen zu verzichten. Ich will einfach nur meine Ruhe haben und früh ins Bett gehen. Als ich die Treppe zu meinem Zimmer hochstapfe, holt mich Amrita ein: „Der Meister hat dich heute Abend zum Essen an seiner Seite eingeladen.“ „Danke“, erwidere ich, „das holen wir nach. Ich bin so müde und brauche meinen Schlaf.“ „Das kannst du nicht machen!“, ruft Amrita erschrocken. Erneut versuche ich, dankend abzulehnen. Geschlaucht von der unnötigen SMS-Aufregung soll ich nun auch noch an der Seite des Meisters sitzen. Amrita lässt nicht locker: „Bitte, bitte, komm zum Essen. Eine Einladung vom Meister schlägt man nicht ab.“ „Häh?“ Sie drängt und bettelt weiter. Aus purer Gutmütigkeit lasse ich mich breitschlagen. „Ok, dir zu Liebe. Aber ich muss noch schnell meine Schuhe wechseln“, lenke ich ein. „Das ist überhaupt nicht nötigt“, hechelt Amrita hektisch. „Komm bitte sofort!“ „Hey, ich muss vorher noch zur Toilette!“ Mit dieser Ausrede entkomme ich vorerst aus ihren Fängen. Im Essensraum muss ich feststellen, dass Tara an der langen Tafel mir gegenüber gesetzt wurde. Was wird hier gespielt? Ein Blick zu ihr und sie schaut weg. Ich starre sie an, sie blickt nervös zur Seite. „Was soll das?”, frage ich sie. Keine Antwort! Ich bleibe dran und rufe für alle hörbar durch den Raum: „Warum redest du nicht mit mir?“ Jetzt kann sie nicht anders als mir zu antworten. „Weil ich nur das mache, wozu ich Lust habe“, zischt sie mir zu. „Ja, auf Kosten der Gefühle anderer“, gebe ich ungehalten zurück.

Plötzlich tritt der Guru auf. Er trägt einen schwarzen Hut strategisch geschickt über ein Auge gekippt, Chicago-Stil. Dazu einen auffälligen roten Schal, fachmännisch gebunden. Der Auftritt ist perfekt! Die Blicke der Mädels verschlingen den Meister sehnsuchtsvoll verlangend. Es muss für sie die Erfüllung aller nur denkbaren Wünsche sein, an der Seite ihres honigverströmenden Meisters zu leben. Sein festlich arrangierter Platz am Kopfende der Tafel befindet sich zwischen Tara und mir. Die angespannte Atmosphäre unter uns beiden Frauen scheint ihn nicht zu interessieren. Ist er womöglich an emotionsgeladene Auseinandersetzungen unter seinen Anhängerinnen gewöhnt? „Guten Abend, schöne Frau!" Ein Blick zu mir. Ich nicke zurück, während der Rest die Hände zum Gebet und den Kopf gesenkt hält. Da ich keinen Hunger habe, will ich nichts essen. Also lasse ich mein Gericht zurückgehen. „You can take this with you", teile ich der italienischen Bedienung mit. „Wenn Sie nichts essen, dann setzen Sie sich das nächste Mal woanders hin", fordert mich N. G. gereizt auf. Dann säuselt er, sofort milder gestimmt: „So eine erotische Frau und sie isst nicht mit - das geht ja gar nicht!" „Laden Sie mich eben nicht ein, wenn ich keinen Hunger habe", fauche ich zurück. „Oder sagen Sie mir früher Bescheid!" Die Gruppe am Tisch ist schlagartig still. Kein Laut. Niemand isst weiter. Mit ängstlichen Blicken schauen sie auf die Reaktion des Meisters. Der hingegen fragt mich zuckersüß, was ich denn trinken möchte. Die Sangha entspannt sich. „Wasser", erwidere ich. „Nur Wasser?", setzt er erstaunt nach. „Die in der Küche könnten denken, Sie seien komisch oder verrückt." „Bitte schön", antworte ich ziemlich genervt, „ist mir egal." Wie selbst-verständlich nimmt der Guru meine Hand, hält sie sanft und schaut mir dabei eine Weile in die Augen. „Wo sind Sie denn geboren, schönes Kind?", will er von mir wissen. Eine etwas seichte Konversation nimmt ihren Lauf. In der Zwischenzeit sind die anderen damit beschäftigt, ihm sein Himmelreich auf Erden aufrechtzuerhalten. Eine Teilnehmerin wird auf ihr Zimmer geschickt, um eine neue Stoffserviette für N. G. zu holen. Es scheint so, dass sie diese extra für ihn von zu Hause mitgebracht hat. Der Wein des Meisters wird in seiner persönlichen Dekantierkaraffe gereicht. Tara ist darum bemüht, dem Guru ständig nachzuschenken. „Nicht so viel einschenken!", raunzt er sie an. „Oder können Sie das etwa nicht?" Wie peinlich für ihn. Mir ist es unangenehm, wie offen der Meister seine Anhängerin Tara abwertet und sich mir wohlwollend zuwendet. „Ihre Augen sind voller Liebe", flötet er mir entgegen. „Genau wie Sie bin auch ich in Liebe", verrät er mir. „Ja ", stimme ich vorsichtig zu und setze spontan noch einen drauf: „Bereits bei unserer ersten Begegnung habe ich diesen Gleichklang wahrgenommen." Im Zeitlupentempo kommt mir jetzt sein Gesicht näher: „Kommen Sie aus der Tantra-Tradition?", flüstert er mit heißem Atem in mein rechtes Ohr. „Nö", antworte ich knapp im norddeutschen Stil und lehne mich lässig nach hinten zurück. Sichtlich ernüchtert greift der Meister in die Hosentasche und holt eine Medikamentenpackung hervor. Dabei erzählt er mir, dass er nun sein Penicillin nehmen müsse. „Wenn ich das nicht mache, dann kann ich nicht arbeiten." Aha, dann betrachtet der vielgepriesene Guru seine spirituellen Praktiken also als Arbeit. Lediglich ein

Job, um Geld zu verdienen? Ich greife nach der Schachtel und schaue mir das Medikament an. „Das finden Sie wohl nicht gut?“, fragt er, eine Tablette einnehmend. „Sì“, nicke ich ihm zu. Jetzt wird der Nachtisch gereicht. Das Pillenthema ist vom Tisch. Warmer italienischer Schokoladenkuchen. Da steige ich ein. Schalkhaft, mit einem Blick zu mir, ruft der Meister in die Gruppe: „Wer nicht aufgegessen hat, bekommt auch keinen Kuchen!“ Egal, lass ihn reden. Lustvoll ersehne ich die Schokoladenverführung. „Sinnlichkeit kann man auch beim Essen erfahren“, offenbart uns der Erleuchtete augenzwinkernd und fährt fort: „Ja, die Sinnlichkeit, die Sinnlichkeit beim Essen, ganz besonders ohne Besteck.“ Um mich herum lässt die Sangha abrupt die Kuchengabeln sinken. Alle beginnen, den Nachtisch mit den Händen zu verspeisen. Nur Kiki verzichtet darauf, sich der Gruppendynamik zu beugen, und hält demonstrativ ihre Gabel fest. Doch auf diese Sinnlichkeit habe ich Lust und mache lachend mit. Auch der Meister verzehrt seinen Kuchen mit den Fingern. Was für ein Spaß! Uma kichert und gluckst in sich hinein. Nadeen fängt an zu jodeln. Mohini jubelt ausgiebig. Kokett reiche ich dem Guru mit meiner Hand von der Süßigkeit. Mit gesenktem Blick flüstert er mir zu: „Das darf ich nicht.“ Es werde für einen Meister als „unrein" angesehen, Speisen mit Nicht-Erleuchteten zu teilen, klärt er mich auf. „Ach so, wie gut, dass ich nicht erleuchtet bin!“, flüstere ich zurück und lecke mir die Finger ab. „Just dance", schlägt Mr. N. G. jetzt vor. Flink steht die Sangha auf. Mittlerweile ist es kurz vor Mitternacht. Tische und Stühle werden wie im Fluge an die Seite gestellt. Die Musik läuft bereits. Der Guru geht zu Shandana und fordert sie auf, zu tanzen. Seine zärtliche Zuwendung scheint ihr gutzutun. Sie gibt alles, um ihrem Meister zu gefallen. Doch dann verlässt er plötzlich den Raum mit dem Handy in der Hand. Fünf Minuten später ist er wieder da. Unsere Blicke treffen sich. Nun geht er wieder raus. Kommt nicht zurück. Auch Amrita verschwindet von der Tanzfläche. Tara ebenso. Wir anderen tanzen und singen lautstark weiter. Ein Song nach dem anderen wird zum Sommerhit erkoren. Der Alkoholkonsum der Sangha steigt. Shandana ist wie ausgewechselt. Hat ihr die kurze Aufmerksamkeit des Gurus geholfen?

Kapitel 12 - Prasad[30] - Heiliges Reste-Essen

Vom säkularem Irren und sakralen Wirren auf dem Erleuchtungspfad.

Die Nacht ist kurz. Wieder klingelt der Wecker um sechs. Müde sucht meine Hand den Off-Knopf. Das frühe Aufstehen wird zunehmend lästig. Yoga, Frühstück, Satsang; Yoga, Frühstück, Satsang! Einmal liegen bleiben und ausschlafen! Ich drehe mich auf die andere Seite. Nach drei seligen Sekunden treibt mich mein schlechtes Gewissen aus dem Bett. Statt Urlaubsstimmung nun Routine. Auch die anderen Teilnehmerinnen wirken nicht mehr so lässig und relaxed. Ihre Andächtigkeit wird von gequälten Gesichtsausdrücken überschattet. Haben sie so viel in ihrem Dienst für den Meister zu tun? Umfassende Einspannung statt spiritueller Entspannung? Bekommt der Meister diese Stimmung mit? Vielleicht, denn im Satsang steht heute wieder ein verheißungsvoller Teller mit einem kunstvollen Fruchtmandala bereit. Immerhin ein Lichtblick an diesem Morgen. Tiefrote Kirschen werden von dunkelblauen Heidelbeeren umrandet. Mangostücke bilden das kosmische Zentrum. Davon werde ich heute kosten! Endlich ist es so weit. Mr. N. G. lächelt huldvoll von seinem Thron herab und greift nach dem

[30] Sanskrit: Barmherzigkeit, Gnade. Opferspeise, gesegnete Speise.

sinnlichen Obstteller. Er entscheidet sich für das Herzstück, öffnet langsam seinen sprachgewandten Mund und lässt einen saftigen Mangostreifen im ewigen Kreislauf aufgehen. Dann betupft er seine feuchten Finger mit den Lippen. Das gleiche Ritual wie beim letzten Mal. Gleich wird der Teller generös herumgehen! Der Guru grinst neckisch in die Runde. Dann greift er nach einer Kirsche und platziert sie auf seiner Zungenspitze. Mit einem Blick zu Kiki saugt er die rote Frucht in sich auf. Dann sind die Heidelbeeren dran. Er nimmt nicht nur eine, nein, zu Dutzenden verschwinden sie im meisterlichen Rachen. Mit jedem Bissen wird mir klarer, dass der ersehnte Teller diesmal nicht weiter gereicht wird. In der Sangha keimt Lachen auf. Die Guru-Groupies freuen sich wie beglückte Kinder über ihr Idol, das seinen Genuss beim Essen überdeutlich in Szene setzt. Sein breites Grinsen dehnt sich immer mehr in die transzendente Unendlichkeit aus. Als die letzte Kirsche dem Meister zum Opfer fällt, brechen seine Anhänger in Applaus aus. Halb erwarte ich, einen Büstenhalter auf die Bühne fliegen zu sehen. Im Raum steppt der Bär. Hysterie gepaart mit Guru-Manie! Als die Begeisterung ihren Höhepunkt erreicht, greift Mr. N. G. hinter sich in eine Schale und streut eine Handvoll bunte Blütenblätter in den Raum. Sie rieseln wie Konfetti über seine Jünger. Ananda und Mohini jauchzen ekstatisch, Prathna scheint kurz vor einer Ohnmacht zu stehen. Einige kriechen über den

Boden und sammeln die Blütenblätter sorgsam auf. Sichtlich zufrieden verlässt der Meister unterdessen den Raum. Amrita begleitet ihn wie so oft und ihr Stolz, dafür auserkoren zu sein, ist kaum zu übersehen. Die Party im Meditationsraum geht noch eine Zeitlang weiter. Auch wenn die Sangha zur Verabschiedung seiner Heiligkeit demutsvoll ihre Köpfe gen Boden neigt, bleibt die Stimmung gehoben. Später, als ich wieder zurück in Deutschland bin, berichtet mir ein befreundeter Werbefachmann, dass ihm solche Inszenierungen wohlbekannt sind. Sie kommen immer dann vor, wenn eine Gruppe manipulativ aktiviert werden soll, vom Rock-Konzert bis zum Network-Marketing, von der Selbsterfahrungsgruppe bis zur Sex-Sekte. Das Schema ist immer das gleiche: emotionale Bedürftigkeit, ein Gefühl der Zugehörigkeit, aufflammende Leidenschaft, gegenseitige Bestätigung, kollektives Ausflippen...

Nur mühsam kann Gita in der allgemeinen Sangha-Ekstase ihre wichtige Mitteilung loswerden: „Morgen werde ich den Blumenschmuck für das Guru Purnima-Fest zu Ehren unseres großartigen Meisters in Auftrag geben. Prathna wird euren Geldbeitrag einsammeln. Die Probe für das Mantra-Singen findet heute um 16:00 Uhr statt." Ich habe wenig Lust, für den Vertilger meines Mango-Anteiles ehrerbietige Mantras zu singen, und schleiche mich lieber unbemerkt davon.

Auf der Suche nach einer Ersatz-Mango treffe ich in der Küche auf Sheela. Wie immer wirkt sie beim Kochen glücklich und zufrieden. Der magische Geruch aus ihren Töpfen lenkt meine Fruchtsuche zu einem anderen Ziel. Mittagessen! Nach und nach zieht der verlockende Duft auch die anderen Haupthausbewohner an. Gruppenhysterie scheint hungrig zu machen. Nach dem Essen verkündet Sheela einen besonderen Höhepunkt. Insgeheim erwarte ich ein kundalini[31]-erweckendes Dessert. Stattdessen schafft Sheela einen halbleeren Teller mit Zucchini-Tomaten-Gemüse, etwas grünem Salat und drei Möhren heran. In der Salatsauce sind Gabelspuren zu erkennen. Es sieht aus, als hätte schon jemand davon gegessen. „Dies ist eine heilige Speise!", verkündet sie strahlend. Ich mustere die Möhren misstrauisch. „Unser geliebter Meister hat diese Gaben für uns zurückgelassen." „Ah" und „Oh" tönt es in der Runde. Gaben vom Meister? Hat der Guru heute für uns gekocht? Und dann begreife ich! Es sind seine Essensreste. Mich schaudert's. Meine Augen wandern ungläubig nach links zu Nadeen, dem Sheela feierlich den Resteteller überreicht. Würdevoll zerteilt er ein Salatblatt in zwei Hälften und führt eine davon in seinen Mund. Er kaut langsam und mit geschlossenen Augen. Dann reicht er den Teller zu Bhakti. Sie verbeugt sich vor dem Teller mit geneigtem

---

31 Sanskrit: Schlangenkraft. Eine energetische Aktivierung, die zur Erleuchtung führen kann.

Kopf und zusammengeführten Händen, bevor sie eine viertel Möhre aufspießt und verspeist. Am Tisch ist es weihevoll still geworden. Mir wird langsam übel. Der Teller kommt näher und näher. Gleich bin ich an der Reihe. Oh Herr, lass' diese Gabe an mir vorübergehen. Nala, greif zu, lass mir nichts über. Jetzt ist es so weit! Alle Blicke ruhen auf mir. Es ist still. Erwartungsvoll nicken die Jünger des Gurus mir zu. Sie sind anscheinend stolz auf die Ehre, die sie mir hier zuteilwerden lassen. Augen zu und durch. Hier gibt es kein Entrinnen. Mutig fasse ich das winzigste Zucchini-Stück auf dem Teller ins Auge und halbiere es bescheiden noch einmal. Mein Messer quietscht fürchterlich in der ernsten Stille. Einige Augenbrauen heben sich verständnislos. Während ich die kalte Zucchini kaue, werde ich immer noch von allen Seiten aufmerksam beobachtet. Erst als ich mit schier übermenschlicher Willenskraft den Bissen herunterschlucke, wenden sie sich zufrieden von mir ab. Hoffentlich gibt das jetzt keinen Herpes! Schnell reiche ich die Essensreste weiter und beobachte die glückseligen Schäfchen um mich herum. Ihre Augen sind glasig geworden und lassen drogeninduzierte Rauschzustände vermuten. Offenbar überträgt sich durch die grobstoffliche Speise des Meisters die innere Erleuchtung auf oralem Wege. Ich selber merke nur einen Magendruck.

Nach dem Essen fliehe ich vor dem Guru-Kult nach draußen. Nur fort vom Haupthaus und den anderen.

Wie aus dem Nichts steht plötzlich Ananda vor mir. „Wir müssen reden." Oh je, wirft sie mir jetzt meine fehlende Begeisterung für das Reste-Essen vor? „Lena, ich habe beobachtet, dass du ..." Ich halte den Atem an. „... keinen Liebesdienst für unseren ehrwürdigen Meister übernommen hast." „Stimmt", antworte ich ihr prompt. „Ich bin nämlich hier im Urlaub." Damit lasse ich sie stehen, um ein wenig über das Gelände zu streifen. „Aber der Meister ..." Den Rest höre ich nicht mehr. Soll sie doch reden, ich brauche jetzt Raum für mich. Ziellos wandele ich durch einen abgelegenen Teil des großen Grundstückes, vorbei an Oliven- und Zitronenbäumen, an duftenden Thymian- und Rosmarin-Kräutern. Meine Augen schweifen satt in der sommerlichen Landschaft umher. Ich entdecke Feigenbäume und blühende Silberakazien. Die stille Vielfalt der Natur tut einfach gut. In einiger Entfernung sehe ich Kiki unter einem Pinienbaum sitzen. Sie scheint sich mit einem Buch zurückgezogen zu haben. „What's going on?", fragt sie mich, während ich auf sie zukomme. „It´s crazy", antworte ich und berichte über die Anbetung der Essensreste von N. G.. Kiki will's nicht glauben. „Die würden auch vor einem löcherigen Socken des Gurus Räucherstäbchen anzünden", beharre ich. „Shall we go to the beach?", lenkt Kiki mich ab. „Klar, sehr gerne." Da ich selber kein Auto dabei habe, ist dieses Angebot perfekt. „Let's meet in half an hour at my rental-car", schlägt sie vor.

Flugs eilen wir auf unsere Zimmer und packen die Badetaschen. Schnell noch Wasser und die Sonnenbrille mitnehmen. Im Fiat überreicht mir Kiki eine Karte der Umgebung. Ich entfalte sie und suche mit dem Finger unsere Fahrstrecke ab. „Well, to the beach - zum Meer geht's hier entlang, ungefähr fünfzig Kilometer", schätze ich. „Allora, let's go." Kiki startet gut gelaunt den Motor. Ich atme auf. Während der Fahrt erzählt mir Kiki über ihr Leben. Sie berichtet von ihren Kindern, ihrer zurückliegenden Beziehung, ihrer Liebe zur Musik und der stressigen Arbeit. Vor etwa einem Jahr, genau an ihrem runden Geburtstag, entschloss sie sich ihr Leben zu entschleunigen. Seitdem genieße sie immer wieder den Rückzug aus dem Hamsterrad des Alltags. Von unserem Retreat habe sie sich viel mehr versprochen. Insgesamt sei sie enttäuscht über die starren Reglementierungen und noch mehr über den exzessiven Gurukult. „I can't believe that all." Unser Gespräch macht die Fahrt angenehm kurz. Ein wolkenloser Himmel küsst das vor uns liegende, tiefblaue Meer. Auf einem öffentlichen Schotterparkplatz stellen wir das Auto ab und gehen zum Strand. Auch dort kommen wir immer wieder auf Mr. N. G. und seine Anhängerinnen zurück. Wir gehen gemächlich am Meer entlang, die nackten Füße in der kühlen Brandung, und tauschen unsere Erfahrungen der letzten Tage aus. Wir reden und reden. Dann stupst mich Kiki an: Eine junge, südländische Frau kommt uns entgegen. Sie trägt ein knallrotes T-Shirt. Große, glitzernde Strassbuchstaben verkünden „Sweet life“ auf ihrer Brust. Das Motto des Retreats! Der Guru hat seine Leute überall. Werden wir beschattet? „Wow! Ich leide unter Verfolgungswahn“, murmel ich. „Me too!“, kreischt Kiki und kommt aus dem Lachen nicht heraus. „Vooruit – Laten we gaan zwemmen!“, ruft die Gute mir zu. Blitzschnell laufe ich ihr hinterher. Wir springen jauchzend über die Wellenkämme und spritzen uns gegenseitig nass. Ausgelassen genießen wir den Nachmittag am Meer, bis meine neue Freundin zum Aufbruch mahnt: „We moeten vertrekken. We have to go for the eight o'clock satsang.“ Auf der Rückfahrt tönen die Beatles aus dem Radio: Sie erzählen uns von einer magischen geheimnisvollen Fahrt, der psychedelischen Reise in einem Bus, mit garantierter Glückseligkeit. Den Menschen, die dieses Ticket kaufen, wird der Trip ihres Lebens versprochen. Kiki und ich blicken uns nickend an. Ja, wir haben diesen Trip gebucht und befinden uns auf einer Entdeckungstour durch ungeahnte psychische Ausnahmezustände.

Gegen halb acht sind wir zurück. Schnell ziehen wir uns um und eilen zum abendlichen Satsang. Die anderen sind bereits im Raum. Es ist still. Jeder ist in Gedanken mit sich selbst beschäftigt. Als der in stylische Roben gehüllte Meister uns mit seiner Präsenz beehrt, raschelt es unruhig. Die Mädels zupfen mal wieder hier und da ihr Outfit zurecht und nehmen eine möglichst gefällige Haltung ein. N. G. schaut wohlwollend über den Raum und verströmt dabei großzügig sein Testosteron. Gelassen bewegt er sich zu seinem mit frischen Blumen geschmückten Platz und lässt sich auf die weichen Kissen des Sofas sinken. Er schließt seine hypnotisch-verführerischen Augen und leitet damit die Meditation ein. Ich folge ihm in die stille Versenkung. Mit einem zarten Gongton holt er die Sangha schließlich ins Wachbewusstsein zurück. Als ich mich ihm zuwende, ruht seine Aufmerksamkeit bei mir. Sekundenlang, minutenlang ... Er guckt nicht weg, ich schaue nicht weg. Er hält den Blick, ich auch. Die Zeit steht still. Hallo, Unendlichkeit. Augen versinken ineinander, körperliche Grenzen lösen sich auf. Energieblitze tänzeln hin und her. Gedanken verlieren sich. Bin ich er, ist er ich, sind wir eins? Mein Ego verklingt im grenzenlosen Meer des Universums … Einheit. Nach einer Unendlichkeit senkt sich wieder der Vorhang der Dualität, der Blick aufs Wesentliche verdunkelt sich. Mein Verstand erwacht und entfaltet seine Tentakel in alle Richtungen. Wie eine Spieluhr kreisen herzöffnende spirituelle Songs von Harrison und Lennon in meinem Kopf herum. Dann taucht Mr. N. G. wieder auf und lässt sich wie ein Star auf der Sangha-Bühne umjubeln. Die Realität hat mich wieder.

Kapitel 13 - Im Fokus des Gurus

„Der Weise lebt in der Einfalt und ist ein Beispiel für viele. Er will nicht selber scheinen, darum wird er erleuchtet."[32]

Während mein glucksend-knurrender Magen vom limbischen System zum Abendessen dirigiert wird, verweilt der Leadgitarrist der Beatles noch in meinen Gedanken. Vor langer Zeit las ich, dass er im Westen als Türöffner für indische Meditationstechniken betitelt wurde. Spontan erinnere ich mich an das Prinzip von Atman und Brachman. Das persönliche Selbst, das Atman, ist nur ein Teil der kosmischen Allseele, des Brachmans. Wenn es sich dessen bewusst wird und im kosmischen Ganzen aufgeht, erfährt es eine Befreiung in grenzenloser Leichtigkeit. Alle Anhaftungen des Egos werden bedeutungslos. Die Verschmelzung lässt dich nur noch lächeln. Der kosmische Witz? Grins!

Es ist mittlerweile 22:30 Uhr und ich bin hellwach, voller Energie. Irgendwie ist der Essensraum plötzlich nicht mehr kahl und spartanisch. Jetzt strahlt er eine warme, lichtvolle Atmosphäre aus. Für die Sangha empfinde ich eine zart aufblühende Liebe. Wie schön sie alle leuchten. Heute Abend fühle ich mich so richtig wohl unter ihnen, geradezu eins mit allen. Auf der Suche nach einem Platz

---

[32] Lao-tse (chinesischer Philosoph 6. oder 4.-3. Jh. v. Chr.).

an der Tafel halte ich inne. Es sind nur noch zwei Stühle frei. Einer davon direkt neben dem Ehrensitz, den der Meister gleich einnehmen wird. Spontan entscheide ich mich für den anderen freien Stuhl, einen Platz weiter weg. „Don't you want to sit next to me?", rufe ich Kiki zu und deute neben mich. Sie sitzt bereits am anderen Ende des Tisches und ist mit Nadeen in ein Gespräch vertieft. Beiläufig winkt sie mir zu und bleibt dort. Dann tritt auch schon der Guru in den Raum. Nala, der wildrote Wuschelkopf, kommt atemlos hinzu. Sie macht Anstalten, sich auf den letzten freien Stuhl neben dem Guru zu setzen. „Halt!", brüllt Mr. N. G. lautstark. „Dieser Platz ist nicht für Sie vorgesehen." Nala zuckt zusammen. Erstarrt bleibt sie stehen. Alle Augen sind auf sie gerichtet. „Why are my requests not fulfilled?", will N. G. umgehend von Gita wissen. Prompt spricht der deutsche Guru wieder englisch. Seine Stimme klingt scharf und strafend wie eine Peitsche. Verächtlich schaut er Gita an! Diese senkt stumm den Kopf und zuckt hilflos mit den Schultern. Ihre Augen werden feucht. Hat sie etwa Angst vor ihrem Meister? „Jetzt", und seine Stimme wird etwas milder, als er sich Nala zuwendet, „bringe ich Sie noch in eine Situation, in der Sie sich nicht wohlfühlen." Die verunsicherte Guru-Anhängerin steht immer noch bewegungslos an Ort und Stelle. „Na, dann rücken Sie einfach alle einen Platz auf", befiehlt N. G. der in Reih und Glied sitzenden Sangha. Alle stehen auf und wandern einen Platz weiter in Richtung Meister. Avanti und allora finde ich mich, genau wie gestern, an der Seite von Mr. N. G. wieder. Währenddessen schleicht Nala den Tränen nahe ans Tischende. Wie unangenehm. Was für ein befremdliches Schauspiel. Andererseits fühle ich mich durch den Wunsch des Meisters, mich an seiner Seite haben zu wollen, auf absurde Weise aufgewertet. Tadaa! Plötzlich kehrt mein in der Meditation zerflossenes Ego in monumentaler Größe zurück. Und dann die aufwallenden Gefühle von Erregung und Zuneigung. Welcome ego, welcome duality! Menno, ich führe eine solide Beziehung mit Miro. Noch eben war ich dabei, ihm eine Gute-Nacht-SMS zu schicken. Doch dazu komme ich nicht. Denn als ich an der Seite des Gurus ankomme, diktiert mir dieser lächelnd, aber nachdrücklich: „Handy weg!" Ein Blick in sein Gesicht zeigt mir sein Bedürfnis nach meiner uneingeschränkten Bewunderung. Dann lege ich das Telefon eben auf den Eckschrank hinter mir. Jetzt kann ich doch ein Glas Rotwein vertragen.

„Sind Sie verheiratet, geschieden oder Single? Haben Sie einen Freund?" Fragen, die Mr. N. G. mir bereits gestern gestellt hat. Na, dann lege ich ihm meinen Beziehungsstatus zum zweiten Mal dar. „Warum liebt man immer jemanden, der einen anderen liebt?", fragt er in die Runde der Sangha, ohne eine Antwort zu erwarten. Meint er mich dabei? Ist er verliebt in mich? „Das zieht sich durch die Geschichte der Menschheit", behauptet er. „98 Prozent der Menschen geht es so." Während der Meister über das Beziehungsthema monologisiert, befinde ich mich mit ihm auf der Guru-Bühne. Stillschweigend genießt die Gruppe ihr Essen und lässt dabei ihren geliebten N. G. nicht aus den Augen. Ohne ersichtlichen Grund kehrt sich auf einmal seine betrübt wirkende Stimmung um. „Sie sind also eifersüchtig wegen einer SMS?", raunt er mir zu. Woher weiß der bitteschön davon?! Hat der hier seine Privat-Stasi? „In was bin ich hier geraten? Wird Ihnen denn alles zugetragen?", gehe ich ihn an. „Außerdem kennen Sie mich gar nicht und haben bislang nur die eine Sichtweise gehört", setze ich nach. „Die Dame, um die es geht, spricht nicht mit mir." „Das interessiert mich doch gar nicht", antwortet er spontan. „Das Einzige, was mich interessiert, sind Sie." Bong! Das sitzt. Es knistert und prickelt. Erotik liegt in der Luft. „Das Vorspiel hatten wir ja schon", säuselt der Meister für alle gut hörbar. Ich werde rot. Irritiert blicke ich zu den anderen. Freundliche Gesichter schauen zurück, einige prosten mir zu. Nur Kiki ist immer noch im Gespräch mit Nadeen vertieft und kriegt von dem love is in the air aber auch gar nichts mit. Sogar Amrita scheint dem Meister seine Freude an mir zu gönnen und nickt mir ermutigend zu. Alle wollen den Guru glücklich und zufrieden sehen. Koste es, was es wolle. Mr. N. G. berührt meinen Arm: „Aber ich halte mich zurück. Sie dürfen alles mit mir machen." Ach ja, denke ich. Mittlerweile kämpfe ich gegen mein geschmeicheltes Ego an. Das scheint den heißen Guru noch mehr anzutörnen. „Ich hoffe, noch im Rennen zu sein?", fährt er leicht fragend fort. Unter dem Tisch streift er absichtsvoll mein Knie. „Wenn es da nicht immer diese kämpferischen, verteidigenden Lebensgefährten gäbe!" Hä, wieso immer? Und außerdem treffe ich hier die Entscheidung und nicht mein Partner. Mit schmachtenden Blicken in meine Richtung fordert der Meister Soya auf, die mir gegenüber sitzt: „Schenken Sie meiner jungen Begleiterin Wein ein." Ungeachtet der Tatsache, dass Soya die Flasche Wein für sich selbst gekauft hat. Ein echter Übergriff. Arme Soya. Natürlich folgt sie dem meisterlichen Befehl bereitwillig. „Nicht so viel. Und ... Danke, Soya", sage ich zu ihr. „Trinken Sie schon immer so wenig Alkohol?", will Mr. N. G. von mir wissen. Ein wenig provokant verrate ich ihm: „Früher habe ich viel lieber hin und wieder einen Joint genossen." „Das können Sie hier auch haben. Nur heute nicht. Wenn ich mitrauche, garantiere ich für nichts. Dann werde ich mich nicht mehr zurückhalten können." Was für Versprechungen, denke ich. Die beste Werbung für das Nichtrauchen. Keine Macht den Drogen! Jetzt drehe ich den Spieß um und frage: „Leben Sie in einer Beziehung?" Schwärmerisch verdreht er seine Augen: „Mein Herz habe ich seit vier Jahren für eine junge Frau geöffnet. Sie ist 24 Jahre alt und lebt in Russland." Dann fügt er hinzu: „Sie ist fast so alt wie Ihre Tochter." Der lebende Charme. Tja, das hätte er sich sparen können. „Sie ist wunderschön", kommt nun von Soya. Zwinkernd prostet sie mir zu. „Clarissima ist Sängerin und hat mit dem Meister die letzte CD produziert." Klasse! Der Erotikpegel erreicht den Tiefpunkt. Der Göttin sei Dank! Plötzlich ist der Guru mit seinem Handy beschäftigt. Das Interesse an mir ist verflogen. Und klar, nur er hat die Handy-Hoheitsmacht. Wahrscheinlich schreibt er jetzt Clarissima, wie sehr er sie liebt. Schon klingelt sein Handy. Ruft sie umgehend zurück? Mr. N. G. springt auf und eilt nach draußen. Beim Gehen ruft er der Gruppe zu: „Leute, feiert, habt Spaß, tanzt, bewegt euch!" Die anderen springen auf, wie immer. Alles wird nach des Meisters Willen umgesetzt. Nadeen holt wieder die Musik. Die Möbel werden routiniert beiseite gestellt. „I go!", ruft mir Kiki zu. Sie macht sich aus dem Staub. Ich habe Lust, zu tanzen, und bleibe. Runter mit den High Heels und rauf auf die provisorische Tanzfläche. Das tut gut. Mein Kopf wird frei. Kurze Zeit später kommt der Meister hinzu und tanzt mit. Er schwingt seine Hüften in lasziven Kreisen. Dann wippt er vor und zurück. Schüttelt den Kopf wild hin und her. Immer wieder schaut er mich an, so wie ich ihn. Doch als er das nächste Mal für längere Zeit nach draußen geht, verschwinde ich. Barfüßig und gut gelaunt husche ich auf mein Zimmer. Mit Klamotten lasse ich mich aufs

Bett fallen. War ja irgendwie schön, der Abend, denkt mein Ego. Schnauze, denkt der Rest von mir. Während Licht und Schatten noch diskutieren, schlafe ich unbeteiligt ein.

Gegen vier werde ich plötzlich wach. Ich bemerke, dass das gedämpfte Nachttischlicht noch an ist. Auf einmal höre ich, wie die Haustür unten geöffnet wird. Leise Schritte. Mein Herz fängt an zu rasen. Wer mag das sein? Mr. N. G.? Kann er nicht mehr an sich halten? Hat er sich einen Joint besorgt? Spaß beiseite, auf ein tantrisches Beisammensein mit ihm kann ich verzichten. Alles, bloß nicht das. Mir wird ganz komisch. Ich bekomme Angst. Schnell springe ich aus dem Bett und schließe mit zitternden Händen mein Zimmer ab. Licht aus! Dann lege ich mich wieder hin. Mein Herz rast. Die Schritte sind jetzt nicht mehr zu hören. Wo ist der nächtliche Eindringling? Atmet da nicht jemand vor meiner Tür? Deutlich spüre ich die Anwesenheit einer Person. Dann wieder Schritte, sie entfernen sich. Jetzt klappert die Haustür und die Geräusche verstummen.

Kapitel 14 - Guru-Matrix Resolution

„Der Guru ist deine große Hilfe
und dein größtes Hindernis.“[33]

Lange geschlafen habe ich in dieser Nacht nicht. Kurz vor sechs werde ich wieder wach. Noch habe ich keine Lust, aufzustehen. Stattdessen blättere ich in dem Buch ‚Abschied vom Ich‘[34] von Werner Ablass. Ich verweile bei dem Kapitel ‚So ist die Liebe‘ und lese dort: „Warum scheint das Größte auf Erden die Liebe zu sein? Ich meine jetzt Leidenschaft und Verliebtsein! Warum ist dieses Gefühl so gewaltig, so unvergleichlich, so überragend? Der Grund ist, dass du dir dabei selbst ganz nah bist. Näher als bei sonst irgendwas.“ - „Und Liebe ist total unmoralisch. Moral ist ein Spiel, das sie mit denen spielt, die sich noch auf der Suche befinden.“ Gedanken an den gestrigen Abend ziehen vorbei: Liebe, Leidenschaft, Moral! So starke Gefühle, die mich durchflutet haben. Dann noch die Furcht und die Beklommenheit heute Nacht! Halleluja! Ein tosendes Meer an Emotionen. Allerdings - was zählt, ist das JETZT! Der Moment! Der neue Tag à la Cat Stevens ist angebrochen, als ob es der erste Morgen sei. Der gest-

---

[33] Hennigs, Ulrich (1947-2010), mündlich überliefert, mit freundlicher Genehmigung von seiner Witwe, Gabriele Matthey.

[34] Ablass, Werner (2009). Abschied vom Ich und wie leicht es sich ichlos lebt. S. 72. Güllesheim: Verlag „Die Silberschnur“ GmbH.

rige Abend ist Vergangenheit. Die Erinnerungen daran verblassen in den Strahlen der Morgensonne. Rasch stehe ich auf, werfe mir bequeme Sachen über und laufe nach draußen zum Yoga-Platz! Die anderen haben bereits angefangen und ich geselle mich dazu. Dann geht es auch schon zum Frühstück, anschließend zum Satsang. „Friede, Friede, Friede. Möge Liebe sich in der Welt ausbreiten. Shanti, Shanti, Shanti." Die Jünger verbeugen sich vor ihrem Meister. Sie saugen jedes Wort auf, als hörten sie es zum ersten Mal. Kamala und Tara müssen sich vor Rührung ein Taschentuch teilen. Amrita spreizt ihren kurzen Rock noch weiter im Lotussitz. Mohini lächelt besäuselt leer und Nadeen murmelt leise vor sich hin: „Dankedankedankedanke ..." Der Meister gibt noch eine Zugabe: „Friede!"

Den Blickkontakt mit mir vermeidet er. Gong! Das Zeichen für die Meditation. Um mich einzustimmen, konzentriere ich mich erst auf meinen Körper. Mit jedem Atemzug löse ich verspannte Muskeln. Dann versuche ich, meine Gedanken auszutricksen, und forsche nach der Quelle meines Bewusstseins ... Wer bin ich ... Kein Selbst, kein Ich ... Keine Anhaftung, kein Guru ... Es ist alles da, was mein Sein erfüllt.

Draußen wartet Kiki schon auf mich. „Vrede, Vrede, Friede", begrüßt sie mich. „Shanti, Shanti, Shanti", gebe ich mit erhobenen Händen salbungsvoll zurück. Lachend schlagen wir den Weg zur Schaukel ein. Hoch, höher, noch höher! Das Spielgerät ist neben der Meditation das Beste am ganzen Retreat. „Los, in den Pool", fordere ich Kiki auf, als ich schließlich atemlos von der Schaukel taumele. Kiki sprintet los, ich belege einen guten zweiten Platz. Am Pool ist es ruhig. Auf einer Liege ist ein strahlend weißes Handtuch ausgebreitet. „Celestial towel", frohlockt Kiki. Dann bemerke ich es auch: Es ist tatsächlich das meisterliche Handtuch, der Guru muss vor kurzem noch am Pool gewesen sein. Wir sind also in sein verbotenes Allerheiligstes eingedrungen. „And now? Can we top it?", fragt mich Kiki. „Und ob", erwidere ich, setze mich ans Becken und lasse meine Beine ins meisterliche Wasser baumeln. Kiki tut es mir nach. Wie gut das tut, einfach nur seinen Impulsen zu folgen. „Jetzt gehe ich ganz da rein", setze ich noch einen drauf. „No, you won't do it", behauptet Kiki. Das wird sie ja sehen! Schnell lege ich meine Kleidung ab und springe rein. Ein rächender Blitzschlag zuckt vom Himmel. Zumindest in meiner Phantasie. Vor lauter Lachen schnappt Kiki nach Luft und kreischt: „I'll join you." Im Handumdrehen ist sie neben mir. Voll rebellischer Freude ziehen wir unsere Bahnen im tabuisierten Nass. „Ich würde Jahrtausende lang die Sterne durchwandern", rufe ich Kiki zu, „in alle Formen mich kleiden, in alle Sprachen des Lebens, um dir einmal wieder zu begegnen." Meine Freundin schaut mich fragend an.

„Von Hölderlin. Ich liebe dieses Gedicht." „Now I love i too!", beschließt Kiki. Eigentlich passen diese Verse ja auch zu dem sehnsuchtsvollen Verlangen der Sangha-Frauen nach ihrem Guru. Welche Jüngerin ist wohl morgen dran? Wie lange mag wohl durchschnittlich die Halbwertszeit einer Liebesdienerin des Gurus sein? Eine Nacht oder zwei? Oder hält er es wie Krishna und lässt sich von zahllosen Gopis[35] gleichzeitig verwöhnen? „Let's get out!" Energievoll hüpft Kiki aus dem Jungbrunnen. Lachend folge ich ihr. Wir laufen zum heiligen Handtuch. Kiki streift ihre Hände daran ab, ich tue es ihr nach. Ein größtes anzunehmendes Sakrileg, Super-GAS! Aber alles lässt sich steigern. Rasend schnell faltet Kiki das heilige Handtuch zu einem stolzen Schwan. Sie hält sich den Bauch vor Lachen. Ich kriege kaum noch Luft.

---

[35] Sanskrit: Hirtin. In der hinduistischen Mythologie sind wunderschöne, jugendliche Hirtinnen die Gefährtinnen und Geliebten Krishnas.

Kapitel 15 - Ganz in Siena!

„Von den Gesetzen
Dann sagte ein Anwalt:
Aber was ist mit unseren Gesetzen, Meister?
Und er antwortete:
Es bereitet euch Freude, Gesetze aufzustellen, Aber noch gößere Freude bereitet es euch, sie zu brechen.
Wie spielende Kinder am Meeresufer, die mit Ausdauer Sandburgen bauen und sie dann lachend zerstören.
Aber während ihr eure Sandburgen baut, trägt das Meer weiteren Sand an den Strand, Und wenn ihr sie einreißt, lacht der Ozean mit euch.
Wahrlich, der Ozean lacht immer mit den Unschuldigen."[36]

Let's go to Siena", schlägt Kiki beim Anziehen vor. Super, jetzt ist Urlaub mit Sightseeing angesagt. Schon bin ich auf dem Weg, meine Handtasche zu holen. „Wir kommen heute nicht zum Mittagessen!", rufe ich im Vorbeigehen in die Küche. Dann geht es los! Auch in Kikis gemietetem Fiat hält sich unsere rebellisch-gute Stimmung. Runter mit den Fensterscheiben, der Wind fegt durch unsere Haare! Lautstark gröhlen wir zu den Oldies aus dem Autoradio. Schubiduba, hey schubiduba ... Beschwingt lässt Kiki das Lenkrad los und klatscht in die Hände. Ich trommel den Takt auf dem Armaturenbrett. Getragen von der

[36] Gibran, Khalil (2002). Giovanni und Ditte Bandini (Übers.). Der Prophet. S. 58. München: dtv.

Musik erreichen wir Siena, das Herz der Toskana. Vor seinen Toren lassen wir das Auto auf einem Außenparkplatz zurück. Die Altstadt ist in weiten Teilen für den Autoverkehr gesperrt. Ein Shuttlebus bringt uns in die City. „First, I will show you a famous church“, sagt Kiki unternehmungslustig, während sie in einem Reiseführer blättert. Vor zwei Jahren war sie schon einmal hier. Wir stehen vor dem Duomo Santa Maria Assunta. „One of the most famous gothic buildings of Italy, from the 13./14. century“, erklärt mir Kiki, während wir durch das Flügelportal treten. „Look!“ Kiki zeigt auf die achteckige Kanzel. Ehrfurchtsvoll erkunden wir die heiligen Räume und bewundern gemeinsam den mit Marmorplatten verzierten Boden, auf welchem Bibelszenen, Sagen und Legenden abgebildet sind. Draußen schlägt uns die grelle mediterrane Sonne entgegen. Hand in Hand schlendern wir zur Piazza del Campo. „Every summer, there are horse derbies at this place – the most spectacular derbies in the world“, lässt Kiki mich wissen. „It's called the Palio di Siena". Von diesen spektakulären Pferderennen habe ich noch nichts gehört. Der Palio von Siena fand gerade erst statt. Die Straßen und Gassen sind immer noch mit Fahnen und Wimpeln geschmückt. Bunt und schön! So hat jedes Land und jeder Ort seine eigene Art, den wiederkehrenden Rhythmus der Zeiten zu feiern. Ich denke an Indien und sein uraltes, von Farben durchflutetes Holi-Fest. Vor uns ragt nun der Torre del

Mangia auf. „About 102 meters high“, liest Kiki mir vor und wir wagen uns trotz der Hitze an den Aufstieg. „Wow!“ Die Anstrengung lohnt sich. Unter uns erstrecken sich die Dächer von Siena in alle Richtungen, dahinter die dunstigen Hügelketten der sommerlichen Toskana. Es ist atemberaubend! Gemeinsam sind wir im Fluss des Lebens, lassen uns treiben, geben uns dem Schauspiel hin ... ganz!

Des Nachmittags kehren wir in eine landestypische Trattoria ein. Kiki verstößt bewusst gegen die vegetarische Verordnung und entscheidet sich für die vom Ober angepriesene Pizza mit Meeresfrüchten. Das Verbot, Alkohol ohne meisterliche Anweisung zu konsumieren, will Kiki jetzt ebenso brechen und ich habe Lust, mich ihr anzuschließen. Willkommen, vino rosso! Adé, klares Bewusstsein. Bacchus macht uns huldvoll seine Aufwartung, während Pan dazu auf seiner Flöte spielt. Irgendwann sind wir so entspannt, dass wir gleich nach dem Bezahlen auf einer Steintreppe gegenüber dem Lokal niedersinken. „Tutto a posto?“ Zwei freundliche Carabinieri wecken uns. „Sì, sì“, murmeln wir und reiben uns die Augen. Das Schläfchen hat gutgetan.

„Ich habe Lust auf etwas Haptisch-weltliches. Was hältst du von Schönheitspflege?“, frage ich Kiki, nachdem die beiden besorgten Ordnungshüter weitergezogen sind. „Why not“, schmunzelt sie. „What about manicure?" Oh ja, Schönheitspflege als Selbstfürsorge und nicht, um einem Dressman-Guru zu gefallen! Sofort machen wir uns auf eine Erkundungstour nach geeigneten Kosmetikstudios. Doch die Beautysalons sind gut besucht. Einen spontanen Termin zu erhaschen, wird zur Herausforderung. Wir geben nicht auf, lassen bedeutende Basiliken links liegen und muntern uns gegenseitig auf: „Think positiv! Frieden, Frieden, Shanti!" Kiki trällert unser neues Mantra und es wirkt! Ein unscheinbares Schild führt uns auf einen blumenumsäumten Hinterhof. Volltreffer. Ein alternativ angehauchter Naturkosmetikladen nimmt uns auf!

„Bevor wir uns verwöhnen lassen", meine ich zu Kiki, „we must inform the others that we are not in time for the satsang." „I'll write Gita", schlägt die Gute vor und ist schon dabei, die SMS zu verfassen. Gita antwortet umgehend mit einer Kurznachricht: „Viel Spaß euch beiden. Ich informiere unseren Meister. Er muss es wissen." „Good." Entspannt nicke ich Kiki zu. Wenige Minuten später tönt das Handy erneut. Pling! Das Zeichen für eine weitere Nachricht. „Kommt pünktlich zum Satsang!", lautet die Mitteilung. Was soll das denn, will ich gerade fragen, als es erneut summt. Pling! „Ihr müsst zum Satsang pünktlich sein!" „Häh?" Und schon wieder. Pling! „Seid nicht zu spät!" Kiki antwortet knapp: „Das schaffen wir nicht!" Pling! „Der Satsang ist um eine Stunde verschoben!" „What?", schreit Kiki laut. „Zijn ze gek?“ „We can’t make it!!!“ Pling! „Ihr müsst! Wo seid ihr?“, will Gita nun wissen und dann die nächste Nachricht: Pling! „Was macht ihr?“ Sitzt der Meister etwa neben ihr und diktiert die Mitteilungen? Pling! „Meldet Euch!!! Ihr müsst zum Satsang kommen!“ Und dann wieder: Pling! „Kommt zum Satsang!“ Und erneut: „Meldet euch!“ Terror! Es reicht! So nicht, Mr N. G.! Erleuchtung bedeutet Freiheit und keine Hundeleine! „He can't do that with us“, schimpft Kiki. „Yes, my dear!“, stimme ich ihr zu. Fehlt dem Guru die Fortsetzung von gestern? Braucht er unsere erotischen Blicke und Gesten? Will er alles und jeden unter seiner Kontrolle haben? „Lass los!“, muntere ich Kiki auf, nehme sie an die Hand und führe sie zur Wellness-Behandlung. Wir belegen zwei Kabinen nebeneinander. Während meine Füße gerade in schaumigen Aloe-Vera-Essenzen gebadet werden, verfolgen uns die Plings. Laut rufe ich über die Trennwand: „Kannst du denen eine SMS schreiben, dass wir ein Date haben?“ Kiki tippt los. Pling! „Kommt zum Satsang“. Pling! „Seid pünktlich!“ Sind die nicht ganz dicht? Wieso werden unsere Antworten missachtet? Resignation! „Kiki, let’s stop it. Wir schreiben nicht mehr zurück.“ Ring, ring! Augenblicklich klingelt ihr Handy. Sie lässt es schellen. Angespannt kommt sie in meine Kabine. Dann summt mein Handy. Gitas Nummer erscheint auf dem Display. „Ich gehe jetzt bestimmt nicht dran“, flüstere ich zu Kiki. Quälende Spannung. Während meine Fußnägel lackiert werden, klingelt Kikis Telefon erneut. Ring, ring, ring, ring, Frieden, ring, ring, ring! Kiki kann nicht mehr. Sie geht ran: „Yes, please?" „Wo steckt ihr?!", brüllt Gita am anderen Ende. Wir spüren ihre Anspannung fast körperlich. „Do we have to inform YOU?", schreit Kiki zurück. „Seht zu, dass ihr zum Satsang kommt." Gitas Stimme klingt jetzt fast flehend. „We can't manage that", erwidert Kiki und plötzlich ist die Verbindung unterbrochen. Es klingelt wieder. „Oh, no, no, no!" Kiki stöhnt und entscheidet wütend: „I turn off my phone". Nahezu gleichzeitig drücken wir auf den Ausschaltknopf unserer Handys.

Die Anspannung bleibt. Kiki schüttelt ihren Kopf. Die verwirrten Kosmetikerinnen haben alles mitbekommen. „Sorry for that!", sagt Kiki zu ihnen und schaut mich hilfesuchend an. „Jetzt gilt es, Ruhe zu bewahren", beschwichtige ich sie. Wir fühlen uns wie zwei Schulmädchen, die nicht pünktlich in die Jugendherberge zurückkehren, wo Zucht und Ordnung herrschen. „Ach egal, was soll's." Ich zwinkere Kiki zu. „Lass uns das Beste daraus machen und wieder Spaß haben. Let's have fun again!" Kiki grinst und augenblicklich gewinnt sie ihre übermütige Freude zurück. Sie schaut mich mit ihren blitzenden dunklen Augen an. Ich kann nicht anders und pruste los. Gemeinsam verfallen wir in ein nicht enden wollendes Gelächter. Unsere Spannung entlädt sich. Die Kosmetikerinnen werfen sich seltsame Blicke zu. „Wir machen eine Story daraus", schlage ich Kiki glucksend vor. Prompt erfinden wir ein Date in Siena mit zwei schönen ragazzi. „Well, the master must turn pale, when we prefer two attractive and young latin Italy men", feixt Kiki. Dass wir ihm zwei südländische, attraktive und zudem auch noch junge Italiener vorziehen, wird dem Guru bestimmt nicht gefallen. Wir lachen und lachen und verlassen singend unseren Schönheitssalon: „We are loco down in Siena town". Hinter uns zwei erleichterte Kosmetikerinnen. Es ist mittlerweile spät und dunkel geworden und die Busverbindungen sind eingestellt. Also fragen wir Passanten nach einem Taxi: „Dove si trova un taxi, per favore?" Wir erhalten eine Telefonnummer und rufen da an: „Abbiamo bisogno di un taxi." „Dove siete?", fragt mich die Signorina am anderen Ende. „Mensch, wo sind wir?", frage ich Kiki. „Wie heißt denn die Straße hier?" „I don't know", antwortet sie mir lachend. Also laufe ich die Straße entlang, um ein Straßenschild zu finden. Via Garibaldi! Zehn Minuten später fährt das Taxi vor.

Der Taxifahrer spricht nur italienisch. „Allora per il parcheggio", bitte ich ihn. „Dove?", fragt er. „Ehm, Kiki, wie heißt der Parkplatz genau? What's the name of this parking area?" Kiki hat schon ihre Karte ausgebreitet und sucht mit dem Finger die Strecke ab. „It must be here", antwortet sie auf die Karte zeigend. Mensch, es ist so dunkel und ich sehe nichts. „Può ascendere la luce per favore?" Ich bitte den Taxifahrer, das Licht anzuschalten. „Also Parcheggio allo Stadio a Franchi", sage ich zu ihm. Als wir dort ankommen, blicken Kiki und ich uns fragend an. Die Gegend kommt uns überhaupt nicht bekannt vor. Hier sind wir definitiv falsch! „No, no, è falso!" Na, dann nehmen wir den nächsten Parkplatz, den der Stadtplan zu bieten hat. Ich bitte den Fahrer, dorthin zu fahren. Auch dort wirkt alles fremd und wir schütteln wieder den Kopf. Kiki hantiert ratlos mit der Karte herum. Wir sind lost, irgendwie fällt uns der richtige Name des Parkplatzes nicht ein. Seit einer halben Stunde sitzen wir jetzt schon in diesem Taxi, mit einem hilflos-überforderten Fahrer. „Waar, waar, waar is de auto", überlegt Kiki laut. Wieder blickt sie auf die Karte. „Have a look, Lena, it must be here." „Ja, vielleicht, womöglich, it's possible", antworte ich zaghaft. Komisch. In der Regel bin ich für meinen Orientierungssinn bekannt. Warum, um Gottes Willen, verliere ich ihn gerade? „Yes, it must be here. Parcheggio San Francesco", sagt Kiki laut und zeigt dem fast eingeschlafenen Italiano die Karte. Dieser richtet sich auf, setzt sich bequem hin, startet den Motor und nimmt die Fährte wieder auf. Was hat der für eine Geduld mit uns, denke ich. Oh Kiki, you've made it! Einige Minuten später stoßen wir auf eine weite, leere Asphaltfläche am Rande Sienas. Mittendrauf steht ein einzelnes Auto und wirkt irgendwie verloren. Unser Fiat! Wir applaudieren und das Lachen hat uns wieder. Glucksend über unsere Vergesslichkeit klopfen wir dem tapferen Taxifahrer auf die Schulter. Ist klar, dass der erleichtert ist, uns immer noch gackernden Mädels loszuwerden. „Ciao, belle ragazze", ruft er uns freundlich winkend zu, als er davonfährt.

Da Kiki den Weg nach Siena gefahren ist, fahre ich jetzt zurück. Dass ich ziemlich nachtblind bin und eher nach Gefühl als nach Sicht fahre, verschweige ich lieber. Es geht in Richtung Civitella Marittima, auf der Route 223, direzione Roma. Schließlich führen alle Wege nach Rom. Unser Retreat-Ort liegt im Süden von Siena, oberhalb der Hauptstadt. Also müsste der eingeschlagene Kurs stimmen. Wir suchen nach weiteren Hinweisen. Straßenschilder scheinen in dieser Gegend nicht beliebt zu sein. Uns bleibt nichts anderes übrig, als hin und wieder in Ortschaften Passanten nach der richtigen Strecke zu fragen. Die Gespräche mit den hilfsbereiten Italienern erweisen sich als linguistischer Dschungel. Sich nach dem Weg zu erkundigen, ist eine Sache, die Antwort zu verstehen, eine andere. Wir nicken und bedanken uns höflich und verpassen doch immer wieder die Hauptstraße. „Look here, Roma." Kiki zeigt begeistert auf eines der seltenen Hinweisschilder. Ok, wir sind richtig. Es wird immer dunkler und die Städte immer weniger. Lange Zeit fahren wir durch die Landschaft der im Schlaf versunkenen Toskana. Wir sind schon eineinhalb Stunden unterwegs, der Seminarort kann nicht mehr weit entfernt sein. Kiki schlägt vor: „Let's tell Gita that we're arriving soon." „Ja, bestens", erwidere ich. „In circa 10 Kilometern müssten wir da sein. Please, ask them if they want to share dinner with us." Irgendwie ist es mir wichtig, zu wissen, ob sie uns am Tisch dabeihaben wollen. Es ist mittlerweile 22 Uhr, Zeit für das Abendessen. Schmollt Gita noch oder warum simmst sie nicht zurück? Und warum sind wir eigentlich noch nicht angekommen? Die Nacht wird immer finsterer. Wir fühlen uns orientierungslos, wie auf der Parkplatzsuche. Pling! Gitas Antwort kommt: „Lasst es euch außerhalb schmecken." Eine nette Art, uns auszuladen! Eigentlich auch besser so. „Gekken", murmelt Kiki. Wir fahren bergauf, bergab, die Sicht wird immer schwieriger und Schilder sind hier wohl endgültig ausgestorben. Noch vor wenigen Minuten glaubte ich, die Einfahrt auf das Seminargelände von Weitem gesehen zu haben, jetzt ist die Landschaft völlig fremd. Unser Ziel ist wie vom Erdboden verschluckt. Womöglich hat der Guru eine schützende Aura über das Anwesen gelegt, damit wir nicht zurückfinden. Wir könnten ja seine Sangha mit dem Geist der Revolution infizieren. Es ist still im Auto. Ein wachsendes Unbehagen, noch verwirrender als vorhin im Taxi. Mensch, unser Hinweg nach Siena hat doch nur eineinhalb Stunden gedauert. Jetzt sind wir fast drei unterwegs. Die Scheinwerfer beleuchten schwach den schwarzen Asphalt, die Landschaft ist wie aufgelöst.

Keine Häuser, keine Laternen, keine Bordsteine, keine Menschen - nichts! Angst kriecht in mir hoch. Schon stelle ich mir vor, wie unser Auto im Dunkeln in eine Schlucht fällt. „Dahinter steckt der Meister", flüstere ich. Mir drängt sich immer mehr der Gedanke auf, dass Mr. Nice Guy uns zürnt. Will er uns mit seinen gurumäßigen Siddhi[37]-Kräften in die Irre treiben? Hysterisch frage ich Kiki: „What shall we do?" Kein Lebenszeichen, sie antwortet nicht! Ich atme tief durch und versuche, die aufsteigende Panik zu unterdrücken. Noch immer ist draußen kein Licht in Sicht, nicht mal ein Auto kommt uns entgegen. Lebt Kiki überhaupt noch? Wie eine Wachsfigur sitzt sie neben mir. Verkrampft halten meine Hände das Lenkrad umklammert. „Hey, Kiki?" Immer noch keine Antwort. Erst als ich sie an die Schulter fasse, reagiert sie: „Yupp." Mehr kommt aus ihr nicht raus. Warum nur bin ich nicht in die Karibik gefahren? Warum musste es ein Guru in der Toskana sein? „Wir kehren um und fahren zurück zum letzten Dorf", bestimme ich. Kiki scheint alles egal zu sein. Prompt drücke ich auf die Bremse und wende den Wagen mitten auf der nächtlichen Landstraße. Die zwanzig Kilometer bis zum letzten Ort kommen mir wie eine Ewigkeit vor. Ein sternenloser Himmel begleitet uns. Als die ersten Lichter des Dorfes vor uns auftauchen, atme ich auf. „Yes", entfährt es Kiki.

---

[37] Sanskrit: Vervollkommnung. Bezeichnung für die übernatürlichen Kräfte, die man nach der indischen Überlieferung durch spirituelle Praxis erlangen kann.

Wie gut es tut, endlich wieder Menschen zu sehen! Ich fahre direkt zum centro. Es ist mittlerweile kurz vor Mitternacht. Wir parken das Auto in der Nähe einer Trattoria. Beim Aussteigen schlackern meine Beine, mein gesamter Körper fühlt sich kraftlos an. „Something to drink“, lechzt meine Freundin. Ich stimme ihr von Herzen zu.

Wir torkeln rüber zur Trattoria. Zum Glück hat das Lokal noch geöffnet. Die Tische draußen ignorieren wir und gehen direkt rein - in den Schutz der Gaststätte. Hier verkriechen wir uns in die hinterste Ecke und vergraben uns in die bereitliegende Speisekarte. Wir sind die Einzigen, die um diese Uhrzeit noch etwas essen wollen. Für den freundlichen Koch ist das trotzdem kein Problem. Also bestellen wir verschiedene Sorten Bruschetta, dazu Käse und Rotwein. Als die Speisen serviert werden, schrecken wir aus dem Halbschlaf auf. Schlapp heben wir die schweren Gläser. Herrlich, wie der Rotwein jede Zelle unseres Körpers mit seinem gespeicherten Sonnenfeuer durchtränkt. „Dat doet goed!“, haucht Kiki selig. „Oh, ja“, entgegne ich ihr, während ich schon nach dem nächsten Stück Mozzarella greife. Unsere Lebensgeister regen sich wieder.

„I can't drive anymore“, lasse ich Kiki nach dem Essen wissen. „Irgendwie fühlt sich das alles für mich nicht gut an.“ Sie nickt verständnisvoll. „Wo sind wir hier überhaupt gelandet?“, frage ich sie eher rhetorisch. Kiki springt auf und lässt sich von den Wirtsleuten eine Karte geben. „My god“, ruft sie aus „we're in Montalcino instead of Marittima.“ Auf der Karte sieht die Strecke zu unserem Seminarort alles andere als easy aus. Eine schmale Straße windet sich mit Serpentinen quer durchs Gebirge. Das Dorf ist ziemlich hoch gelegen und die ungesicherten Straßen werden von geröllübersäten Abschüssen gesäumt. „Let's stay here“, schlage ich Kiki vor. „Goed“, antwortet sie zustimmend, „we need a bed and breakfast hotel.“ Schon geht sie erneut zu den Besitzern der Trattoria und erkundigt sich bei ihnen nach einer Übernachtungsmöglichkeit. „No problema, signora“, tönt es hilfsbereit von der Bar. Trotz der späten Nachtstunde greift der Wirt beherzt nach dem Telefonhörer. „Pronto!“ Mit einem Redeschwall italienischer Konversation organisiert er eine Unterkunft für uns. Kurze Zeit später erscheint eine ältere Frau, edel gekleidet wie eine grand dame. Sie schlendert mit uns zu ihrer Herberge. Eine krasse Alkoholfahne umgibt sie. Obwohl sie nicht mehr ganz sicher auf den Beinen ist, führt sie uns tapfer zu ihrer kleinen Pension um die Ecke. Wir bekommen ein geräumiges Zimmer im dritten Stock. Dort fallen wir spontan in die Betten. In dieser Nacht träume ich, dass die DDR auf einem kleinen, geheimen Territorium weiterbesteht. Ein versteckter totalitärer Staat. Die Menschen werden von einer Gruppe von Stasi-Funktionären beobachtet und abgehört. Gegenseitig bespitzelt man sich. Furcht, Druck und Bedrohung lasten schwer auf diesem Traum.

Kapitel 16 - Rückkehr ins heilige Wespennest

„Ein solcher Mensch baut an einer Organisation und lebt im Luxus, für den Sie bezahlen. Sie halten ihn aus. Er tut es für seinen Lebensunterhalt. [...] Hin und wieder lässt er es zu, dass Sie sich vor ihm niederwerfen. Sie werden überrascht sein, wenn Sie mit ihm leben."[38]

Meine Gedanken gleiten beim Aufwachen von dem Albtraum direkt zur Retreat-Gruppe. Für mich steht die Sangha unter der totalitären Kontrolle des Meisters, auch wenn das Seminargelände nicht von Stacheldraht und Wachtürmen umgeben ist. Erst gestern Morgen hat mir Miro am Telefon mehr über ihn erzählt: „Du glaubst es nicht, Lena. Ich habe im Internet ein wenig über N. G. geforscht. Ein Kritiker schreibt, dass er zahlreiche Schüler um sich habe, die ohne Bezahlung für ihn arbeiten. Sogar die Frau, die seine Finanzen unter sich hat, bekommt keine Kohle. Stattdessen müssen sie alle noch für die Retreats und Workshops mit ihm bezahlen. Und weißt du, wo er seine Konten hat? Was glaubst du?" Ohne zu antworten, zog ich die Augenbrauen hoch. „Natürlich in der Schweiz. Müsst ihr den Typen eigentlich auch siezen? Im Internet steht, dass er das von allen seinen Anhängern verlangt.

---

[38] Krishnamurti, U. G. (2011). Übersetzer Daniel Herbst. Der trügerische Schein der Erleuchtung. S. 154f. Hamburg: Noumenon Verlag.

Das scheint auch keinen zu stören, denn sie huldigen ihm wie einem Halbgott, jenseits aller Vernunft.“ Ja, genauso habe ich bislang die Gruppe erlebt. Vom Meisterzauberer in den Dornröschenschlaf versetzt, wo sie zu denken aufgehört haben. Mir wird immer klarer, dass sie seine Wunscherfüller sind, sie folgen ihm und führen seine Anweisungen bedingungslos aus. Auf ihre Kosten werden teure Flaschen seines geliebten Rotweines besorgt. Für seine Einkäufe legen sie viele Kilometer zurück und sie wechseln sich dabei ab, ihm täglich eine renommierte deutsche Tageszeitung zu organisieren. Durch Luxusdienste wie Chauffeurtätigkeiten und Personengeleit, inklusive eines persönlichen Regenschirmträgers, wird ihm Ehre erwiesen. Rund um die Uhr warten zeitintensiv zubereitete, mehrgängige, biologischwertvolle Meistermahlzeiten auf ihn. Himmlische Putz- und tantrische Liebesdienste, Blumen- und Geldgeschenke sind selbstverständlich, darüber hinaus eine Auszeichnung für diejenigen, die sie geben dürfen. Alle sind eingespannt, wie die kleinen Arbeiterrädchen im Getriebe meines Stasi-Albtraums.

Ich stehe auf und gehe leise zum Fenster. Kiki rekelt sich gerade genussvoll im Bett hin und her. „Good morning, love“, rufe ich ihr zu. „Did you sleep well?“ „Goedemorgen, liefje, Ik denk het wel, ja!“, entgegnet sie mir. Ich ziehe die Vorhänge beiseite und habe einen atemberaubenden Blick über die frühmorgendliche Toskana. Traumhaft schön! „Look, how beautiful it is!", lade ich Kiki ein. Sie springt aus dem Bett und steht sofort neben mir. „Whoa, het is prachtig." Zarte Nebelschwaden, von der Morgenröte durchflutet, umhüllen die Bergkuppen. Aus dem Tal dringt das Blöken von Schafen herauf. Nur langsam löst sich der Bodennebel im funkelnden Sonnenlicht auf. Kiki braucht eine Weile, um sich von diesem Anblick loszureißen: „I take a shower!" Solange sie duscht, kann ich am geöffneten Fenster meine Yoga-Übungen praktizieren. Kurz vor acht sind wir aufbruchsfertig. Draußen ist es noch ein wenig frisch, so dass ich meine Strickweste enger um meinen Körper wickele. Vor dem Losfahren müssen wir erst noch den glitzernden Morgentau von der Windschutzscheibe wischen. „Magic raindrops", findet Kiki und schlägt dann vor, dass sie heute fahren kann. Auf geht's! Unterwegs blättere ich in dem Motherpeace Tarot-Buch herum, das auf dem Rücksitz lag, und lese dabei: „Denn wenn ihr das, was ihr sucht nicht in euch selbst findet, werdet ihr es auch niemals finden."[39] Stimmt, denke ich und sage prompt zu Kiki: „We need nothing. No guru, no retreat." Trotzdem fahren wir brav wieder zurück. Die Strecke, die am Abend so kompliziert gewirkt hat, ist bei Tageslicht ein Kinderspiel. Wir staunen, dass wir nach nur dreißig Kilometern bereits in dem kleinen Dörfchen

---

[39] Noble, Vicki (1987). Mythen, Musen und Tarot. Motherpeace, ein Weg zur Göttin. New York: Harper & Row. Deutsche Übersetzung: München: Verlag Frauenoffensive.

Civitella Marittima beim Seminarort angekommen sind. Kiki schlägt vor, hier erst einmal in Ruhe zu frühstücken, bevor wir zu den anderen zurückkehren. „Ja, vielleicht finden wir ein nettes Lokal", stimme ich ihr zu und schon muss ich an Giovannis Café denken und an die Frömmlerinnen Bhakti und Tara. Warum sie mich vor ein paar Tagen eingeladen hatten, mitzukommen, kann ich immer noch nicht verstehen. „Verdorie, I don't like and understand this", schimpft Kiki, als ihr auffällt, dass sie in eine Einbahnstraße verkehrt hineingefahren ist. Prustend fügt sie hinzu: „But I don't care", und besetzt gekonnt den kleinsten Parkplatz. Meine Grübeleien weichen dem lebendigen Augenblick mit Kiki. Wir steigen kichernd aus. Vor uns läuft der Prototyp eines Schönheitsideals: groß, muskulös, aber schlank, braunhäutig, volles, schwarzes Prachthaar. Kiki stößt mich an, ich schubse sie leicht zurück. Schon ist der Typ um die Ecke verschwunden. Frohlockend schwärmen wir von der Schönheit südländischer Männlichkeit. Die Suche nach dem Frühstück wird zur Nebensache! Wir schlendern durch holprige Gassen und kommen auf die Piazza, wo Giovanni sein Café hat. „Chiuso" steht an der Tür. Ich wende mich an ein junges Mädchen, das gerade vorbeikommt: „Cerchiamo un cafe per la colazione." „No, no, scusa signora", entgegnet sie kopfschüttelnd. „Italiener scheinen keinen besonderen Wert aufs Frühstücken zu legen", sage ich zu Kiki. Sie zuckt mit den

Schultern: „Ok, we gaan terug. Let`s get back." Im Auto überlegen wir, wie die Sangha uns wohl gleich empfangen wird. „We can tell them a sexy story", animiere ich Kiki. „Oh, yes! Think about this pretty man, bello italiano. Then it's believable", schlägt sie begeistert vor. Der Schalk sitzt uns wieder im Nacken!

Fünf Minuten später sind wir beim Guru-Resort angekommen. Das Auto parken wir im Schatten eines Olivenbaumes. Als Erstes hole ich das T-Shirt und den BH, den ich heute Morgen weggelassen habe, aus dem Kofferraum. Danach drapiere ich diesen in meiner Handtasche, dass ein Träger lasziv heraushängt, gut sichtbar für die anderen. Auf dem Weg zur Frühstücksterrasse schlenkere ich meine Handtasche demonstrativ herum. Kiki knotet ihre Bluse so zusammen, dass ihr freier Bauch zu sehen ist, ihre High Heels trägt sie in der Hand. Meine sonst zusammengebundenen langen Haare lasse ich offen auf meine Schultern fallen. Lässig schlendern wir auf unserem Catwalk entlang. Soya ist die Erste, die uns entgegenkommt. Im Vorbeigehen grinst sie uns kommentarlos an. Noch ein paar Schritte bis zum Pranger, der Terrasse vor dem Haupthaus. Die Tür zum Frühstücksbuffet ist geöffnet. Als wir uns dort einen Tee einschenken, steht plötzlich Gita wie aus dem Nichts hinter uns. „Wir müssen reden." Plötzlich ist auch Amrita im Raum. „Ok", antworte ich, nehme meine Tasse Tee und gehe wieder nach draußen, gefolgt von den beiden Inquisitorinnen. „Ihr habt wohl die Nacht nicht alleine verbracht?“, will Gita wissen. „Mit Italienern?“, fragt sie mit blitzenden Augen! „Ja, oh ja“, antworte ich freudig. Gitas Tonfall wird strenger: „Wir hatten zwar immer wieder Ausreißer in den Gruppen und wir haben uns mittlerweile daran gewöhnt - aber das könnt ihr so nicht machen! Bei der Anmeldung habt ihr euch für den Satsang verpflichtet! Das bedeutet, dass ihr da zu sein habt!!“ „Gut“, antworte ich gelangweilt, „ja, ja.“ Gitas Gesicht nähert sich mir, ihre Stirn wirkt umwölkt. „Kommt nicht mehr vor“, beschwichtige ich sie unbeeindruckt. Endlich bin ich sie los. Mit energischen Schritten geht sie direkt zur Guru-Unterkunft. Klar, der wird jetzt informiert. Ich muss wieder an meinen Traum denken. Die arme Kiki wird unterdessen von ihrer Landsmännin Amrita stasigerecht verhört. Erst als sie zustimmend nickt, lässt die Yoga-Lehrerin von ihr ab. Auch sie verschwindet in der Loft des Gurus.

„Und, everything alright?“, frage ich meine Freundin beim Frühstück. „Of course“, kaut Kiki. Ich bemerke, dass uns einige der Sangha-Ladies vom Rand der Terrasse aus beobachten. Wie auffallend distanziert sie sich verhalten. Nur Nala pirscht sich heran und zischelt im Vorbeigehen: „Egal, was ihr in der Gruppe veranstaltet - alle anderen haben das zu tragen.“ Wie mag wohl der gestrige Abend für die anderen verlaufen sein? Spannung liegt spürbar in der Luft. Kiki zwinkert mir zu und macht sich auf den Weg zu ihrer Unterkunft. Als ich auch aufs Zimmer will, hält mich Soya auf. „Na, was habt ihr denn so angestellt? Habt ihr es euch gut gehen lassen?“, fragt sie etwas zu neugierig. „Klar“, versichere ich ihr, „tolle Nacht gehabt.“ Ich lasse sie damit stehen und vermute, dass auch sie dem Meister schnellstmöglich diese Information zutragen wird. Besteht die ganze Sangha nur aus seinen Augen und Ohren?

Plötzlich steht Nala wieder neben mir. „Ich habe für den Dienst am Meister sogar meinen Beruf aufgegeben!“, sagt sie vorwurfsvoll und mit bebender Stimme. „Wie bitte?“, frage ich entgeistert. Offensichtlich ist Nala von unserer gestrigen Aktion ziemlich konsterniert. „Komm, Nala, was ist los?“ Ich ziehe sie am Arm zu einer Sonnenliege. Nala fängt an zu weinen, nimmt sich kurz zusammen und stottert dann: „Ich weiß wirklich nicht, warum ihr hier seid.“ „Ok“, murmel ich gedehnt. Nun legt Nala richtig los: „Der Meister tut mir echt leid, dass ihr euch so verhaltet und so schlechte Energien in die Sangha bringt. Wir sind hier, um befreit zu werden. Damit wir Leichtigkeit und Lebensfreude erfahren können, auch für den Alltag. Das ist kein Spaß! Dafür braucht es Hingabe. Ich zum Beispiel lebe ganz für diesen Weg. Vor einem viertel Jahr habe ich meinen Job als Chefsekretärin geschmissen. Mensch, das Weltliche ist doch nicht so wichtig. Was zählt, ist der Meister. Lena, Lena, wohin gehst du?“ Mmh, eigentlich war ich auf dem Weg zu meinem Zimmer. „Willst du denn nicht befreit werden?“ „Oh, doch“, antworte ich seufzend. Von eurem Guru-Theater. „Dafür musst du etwas geben“, beschwört mich Nala, der offensichtlich mein Seelenheil am Herzen liegt. Reicht denn nicht die Seminargebühr? Wohl nicht, wie N. G.s hingebungsvolle Dienerin fortfährt: „Du musst alles geben, was du bist! Du musst dich ändern!“ „Ja, ich muss brennen, mich auflösen, eins sein mit allem!“ Wie gestern in Siena. „Gut, meine Liebe, das ist der Weg!“, sagt Nala zufrieden, steht erleichtert auf und entfernt sich in Richtung der meisterlichen Unterkunft. Na, da haben wir uns ja verstanden, denke ich kopfschüttelnd und gehe auf mein Zimmer. Hier ziehe ich mich geschwind für den Satsang um. Ich wähle ein T-Shirt, auf dem John Lennon und Yoko Ono Arm in Arm liegend abgebildet sind. Gemeinsam halten sie eine Blume in der Hand. Was für Menschen! Beide sind unglaublich mutig gegen den Mainstream geschwommen! John Lennon, der noch heute als ein Vorkämpfer für den Weltfrieden gilt und dessen Lieder von den zahlreichen Facetten der Liebe handeln, und Yoko Ono, die sich auch immer wieder gegen Krieg und für die Menschenrechte eingesetzt hat. Vielleicht versteht die Sangha die symbolische Bedeutung meiner Kleidung: Peace, Leute!

Auf dem Weg zum Meditationsraum sehe ich, wie Nala aus dem Haus des Meisters huscht und flinken Schrittes zum Haupthaus verschwindet. Soya, Mohini, Kamala und Shandana tuscheln miteinander, als ich den Raum betrete. Sie würdigen mich keines Blickes, während ich mir einen Platz suche. Wie wird uns der Meister wohl begegnen? Unterdessen erscheint Kiki in einem makellos-reinweißen Kleid und winkt mir lächelnd zu. Für alle deutlich hörbar lässt sie sich dann auf ihr Meditationskissen plumpsen. Engelsgleich-anmutig. Wir müssen kichern. Mittlerweile sind auch die anderen hinzugekommen. Nur Gita fehlt. Wird sie heute den Meister begleiten? Ich schließe meine Augen und versuche, wie mit Kiki abgemacht, in die Phantasie einer romantischen Nacht einzutauchen. Ich stelle mir den schönsten Menschen vor, den ich kenne, den Augenblick, als ich dieser Person in die Augen schaute und wie gebannt war ... Meine Mundwinkel gehen unweigerlich nach oben. Inzwischen hat der Guru fast lautlos und unspektakulär seinen Platz eingenommen. Schon ertönt der Gong zur Meditation. Meine erotischen Gedanken wecken Gefühle der Lust. Bei einem Tantra-Seminar habe ich gelernt, alle Lustempfindungen im Körper über die Atmung zu transformieren. Also stelle ich mir vor, wie beim Ausatmen die Lustgefühle im Becken die Wirbelsäule hinaufsteigen und dann weiter bis in den Scheitel fließen. Hier imaginiere ich unendliches Licht und unendliche Befreiung. Beim Einatmen atme ich über die Vorderseite Licht in den Körper, vom Kopf über das Gesicht, den Hals, die Brust und den Solarplexus in das Becken und bis zu meiner Yoni. Ein Kreislauf baut sich auf, der von Lust und Seligkeit erfüllt ist. Weich sinke ich in die Entspannung. Stille und Tiefe.

Aus dem Nichts ertönt die strenge Frage des Gurus: „Hat jemand von Ihnen etwas zu sagen?" Hups - Back to earth! Krasse Landung. Weder Kiki noch ich antworten. Stille, alle im Raum schweigen. Wartet die Sangha vielleicht darauf, dass Kiki und ich uns für den gestrigen Tagesausbruch entschuldigen? Wir schweigen! Schweigen, Schweigen, Schweigen! Offensichtlich haben wir den längeren Atem, denn nach einer gefühlten Unendlichkeit lässt der Meister schließlich sein obligatorisches Der-Satsang-ist-zu-Ende-Lied spielen: Heute handelt es von der Einladung eines kraftvollen Mannes an eine freiheitsdürstende Prinzessin. Er schmeichelt ihr ohne Unterlass. Immer wieder säuselt er, sie möge zu ihm kommen, er sei für sie da, er empfange ihr wildes Herz mit offenen Armen. Eine Anspielung auf uns? Schweigend verlässt der Meister den Raum. Gita springt sofort auf und ruft in die betretene Stille: „Im Vorraum findet ihr übrigens eine neue Kollektion von Jacken mit unserem Retreat-Motto Sweet life. Die Sachen sind aus echter Baumwolle und von unserem Meister handgesegnet." Ein „Oh" raunt durch den Raum. Shandana ist die Erste, die dem geschäftlichen Aufruf folgt, die Guru-Kasse zu füllen. Kamala drängt ihr interessiert nach. Ich drücke mich unauffällig an den konsumierenden Groupies vorbei nach draußen.

Während Kiki vor der Tür von Mohini belagert wird, spricht mich völlig unerwartet Tara an: „Namaste, Lena. Hättest du Zeit für mich?" Will sie mich jetzt auch über gestern ausfragen? Wie auch immer, ich habe ja vorhin Gita gelobt, mich brav in die Gruppe einzufügen: „Ja, klar." Wir verabreden uns auf ihrem Zimmer. Hier hat sie einen Yogi-Tee für uns zubereitet und reicht mir eine Tasse. „Das mit der SMS war nicht so gemeint“, versichert sie mir nervös. Sie hätte mich ja gerne und wolle überhaupt nichts von meinem Partner. Ach, darum geht's. Hat sie den Auftrag zur Klärung von N. G. erhalten? Auch egal! „Alles bestens“, antworte ich ihr und nehme sie zur Verabschiedung in den Arm. Weiterhin bemüht teilt sie mir noch schnell mit, dass wir ab heute Mittag von der hauseigenen Köchin, die auch das Abendessen zubereitet, bekocht werden. Es habe anscheinend gestern Krach mit Sheela gegeben, die sich von allem überfordert fühle. Tag und Nacht sei sie mit der Vollumverpflegung des Meisters beschäftigt und sie könne daneben nichts anderes leisten. Und Nala soll nun eine zusätzliche Essenspauschale einsammeln. Action im Paradies! Die friedliche Sangha-Stimmung scheint zu kippen, das muss ich Kiki erzählen. Den Engel finde ich schon wieder beim Schaukeln. „Pool is open“, schreit Kiki mir entgegen und winkt mich herbei. „Mohini wants to go out with me“, berichtet sie mir, und dass sie überhaupt keine Lust dazu habe und viel lieber mit mir zusammen sei. Schmatz! Schon hat sie einen Kuss auf der Wange. „Dann lass uns schwimmen“, sporne ich die Süße an. Ah-ha, am Pool tragen die Damen wieder ihren Badeanzug. Ist der Meister unterwegs? Ja, ist er! Am Meer mit einer Schülerin, verrät uns Kamala. Prima! Ich ziehe mich aus und springe ins kühlende Nass. Kiki hüpft nackt hinterher. Die anderen ignorieren uns. Egal, wir haben Spass und einen Auftrag: ‚schiffbrüchige' Insekten vor dem Ertrinken zu retten! Irgendwann geben wir uns geschlagen. Gegen die kollektiven Suizide der Fliegen, Spinnen und Käfer kommen wir überhaupt nicht an. Also raus aus dem Wasser und rauf auf die Liegen. Während die anderen sich nach und nach verziehen, gesellt sich die ältere Uma zu uns. „Na, wie geht es euch, Mädels?", will sie von uns wissen. „Good", anwortet Kiki für uns beide. Uma zieht sich einen Rattanstuhl heran: „Was glaubt ihr, wie oft ich schon an N. G.s Retreats teilgenommen habe?" „Mmh, sechs Mal", rate ich wild. „Ne, ne, das kann man gar nicht zählen, wie oft ich in seiner Nähe weilen durfte", antwortet sie und fährt fort: „An und für sich kann ich mir das gar nicht leisten." Vertrauensvoll flüstert sie: „Das Geld für die Reisen habe ich immer geschenkt bekommen. Es hat sich immer von selbst ergeben." Überallhin sei sie ihrem geliebten Guru gefolgt. Oftmals war sie mit ihm in Indien, Russland, Spanien und in der Schweiz unterwegs, viele Male auch innerhalb Deutschlands. Im Leben sei sie häufig krank und psychisch belastet gewesen. Als der Meister jedoch in ihre Welt trat, habe sie einen Sinn in ihrem Schicksal erkannt und dabei inneren Frieden erlangt. Ihre Augen funkeln, während sie von ihrem Leben, ihren Kindern und allerlei Erlebnissen berichtet. Sie habe es nicht einfach gehabt, der kranke Vater, die als

Übersetzerin arbeitende Mutter, die vielen Geschwister ... Geld sei immer wenig zur Verfügung gewesen. Das Malen habe sie stattdessen erfüllt und ihr die Möglichkeit des Geldverdienens geschenkt. Viele Jahre sei sie als Kunstlehrerin tätig gewesen und konnte damit ihre Kinder ernähren. Interessiert hören Kiki und ich der lebenserfahrenen Uma zu.

Kapitel 17 - Hinter den Kulissen

Im Shiva Lingam erfahre
die schillernde Unendlichkeit
schöpferischen Ausdrucks.

Wie schön sie mit ihren fünfundsechzig Jahren wirkt. Ihre knochigen Hände tragen die Spuren der Anstrengungen in ihrem Leben. Doch die Entbehrungen werden vom Ausdruck ihrer wachen Augen überstrahlt. Eine große Dankbarkeit empfinde sie für den Meister. Deshalb würde sie für ihn alles tun! Während der vielen Reisen umsorgt sie den Guru immerzu. Sie hält seine Unterkunft in Ordnung, putzt für ihn, wäscht seine Wäsche und bügelt alles sorgfältig. „Er ist so penibel“, verrät sie uns. „Sauberkeit ist für unseren Meister richtig wichtig. Egal, wo wir sind, er findet immer noch Stellen, die nicht genug glänzen.“ Ich muss an das denken, was mir mein guter Freund Till beim letzten Telefonat berichtet hat: „Mensch, der N. G. geht mit den Fingern über die Möbel, um Staub zu finden. Ein Seminarveranstalter aus Süddeutschland hat mir das mal bei einem Glas Wein anvertraut. Und wenn du dein Karma loswerden willst, dann schläft er mit dir. In München ist der N. G. sogar während eines Satsangs mit einer Teilnehmerin in einen Nebenraum gegangen und hat dort mit ihr Sex gehabt, während ihr Ehemann im Vortragsraum warten musste." Was für Ammenmärchen, habe ich vorgestern noch gedacht. Missgünstige Gerüchte! So langsam beginne ich, diese Geschichten zu glauben. Denn nun kommt auch Uma auf die Frauen an der Seite von N. G. zu sprechen. „Wenn er bei mir in Stuttgart ist und spazieren geht, braucht der keine halbe Stunde, um eine Frau mitzubringen." Ich muss daran denken, wie geschmeichelt ich mich kurzfristig gefühlt habe, als der Guru mich als Tischdame auserwählt hatte. Ob es allen diesen Mädels so geht? „Es sind schon so viele Frauen gleichzeitig an seiner Seite gewesen.", höre ich Uma erzählen. Eine sehr wohlhabende richte stets Partys für ihn aus. „Seinen letzten Geburtstag hat Mahartha einmalig inszeniert! Mit einem Feuerwerk und so." Wir staunen. „Einmal", verrät sie uns, „war N. G. total traurig und fertig. Da hat sich nämlich zum ersten Mal eine Frau von ihm getrennt. Wisst ihr, was er da gemacht hat?" Wir schütteln die Köpfe. „Ja, da ist er zu ihrer Mutter gefahren." Toll, denke ich „Und die Mutter hat er dann um Unterstützung angefleht, um die Tochter zurückzubekommen. Klasse, oder?" Wir nicken sprachlos. „Ein anderes Mal", fährt sie fort, „war ich mit ihm im Kino. Es gab den Film ‚Die Geisha'. Am Ende hat er zu mir gesagt: ‚Uma, genau so eine devote Frau will ich auch.' Ich sage euch, der Meister ist weise!" Kiki und ich blicken uns entsetzt an. „Jede Auserwählte", schwärmt nun Uma, „kann sich glücklich schätzen, mit unserem wundervollen Guru Sex zu haben. Er gibt ihr das Gefühl, eine Göttin zu sein. Oder auf jeden Fall eine höhere Wiedergeburt." Dass der deutsche Guru Sex mit seinen Schülerinnen praktiziert, habe ich nach der Reise im Internet gelesen. Auch, dass die Intimität, die er mit seinen Partnerinnen austausche, zu seinem erlauchten Ego-Erlösungsprogramm gehöre. „N. G. ist einfach einzigartig", fährt Uma fort. Mit welchem anderen Mann könne man schon im süßen Honig versinken, fragt sie uns herausfordernd. Tantrische Erleuchtung sei des Meisters Inspiration an seine engsten Schülerinnen. „Eine körperliche Verschmelzung mit ihm muss das Himmelreich sein", vermutet Uma. „Reine Selbstauflösung, völlige Transformation!" Mittlerweile frage ich mich, ob sie es bedauert, nicht zu dem Kreis der Sexgöttinen zu gehören. Uma betont stattdessen: „Unserem Guru ist es so wichtig, dass jede Frau absolute Freiheit erfährt und aus ihren Fesseln erlöst wird." Deshalb biete er auch keiner eine persönliche Beziehung oder Partnerschaft an. Also One-Night-Stands, schlussfolgere ich messerscharf. „Er ist manchmal sogar dazu bereit, zur Erleuchtung der Auserwählten zwei oder drei weitere Liebesnächte mit ihr zu verbringen! Natürlich dient der Sex nur der Selbstbefreiung der Schülerin. Der Guru opfert sich egolos auf", beteuert Uma. „Well, what a selfless hero of womenhood", murmelt Kiki. Uma scheint sie nicht verstanden zu haben und fährt mit ihrem Werbevortrag fort: „Und außerdem ...“ Was kommt jetzt noch, denke ich. „Außerdem siezt er die Damen auch nach dem Sex weiter! Er huldigt der Einzigartigkeit ihres Soseins.“ Respekt! Und das alles unter dem Schleier der Spiritualität. Folgt er nicht nur seinem eigenen Lustprinzip und schafft Verletzungen und emotionale Abhängigkeiten? Zu N. G.s Liebesleben fällt mir prompt Sades „Smooth Operator“ ein: „He's laughing with another girl - and playing with another heart. Placing high stakes, making hearts ache. He's loved in seven languages. Diamond nights and ruby lights, high in the sky. Heaven help him, when he falls.“ Ob dem Guru der Himmel helfen wird, wenn er auf die ... fällt? (Ein Jahr nach diesem Gespräch erfuhr Kiki, dass sich N. G.s jüngere Freundin Clarissima von ihm getrennt hat. Das war die, der er sein Herz geschenkt hatte. Auf einer Szene-Party in Amsterdam soll er sich schlecht gelaunt und depressiv gezeigt haben. Hat wohl sein nicht vorhandenes Ego gelitten?) Langsam versinkt die toskanische Sonne, gleich beginnt der verpflichtende Satsang. Danke, Uma, für die heißen Insider-Informationen!

Kapitel 18 - Disharmonien - Mr. Not-So-Nice-Guy

„Beobachte, wie er handelt, betrachte seine Motive und untersuche, worin er seine Ruhe findet. Wie könnte ein Mensch Dir dann noch etwas verbergen?“[40]

Und wieder findet der Satsang eine Stunde später als angekündigt statt. Diesmal gibt es keine Info, wo und mit wem der Meister sich gerade amüsiert. Im Meditationsraum herrscht spannungsvolle Ruhe. Wie vor einem Sturm. Alle sind mit sich selbst beschäftigt, keine freundlichen Blickkontakte. Als der Guru schließlich auftaucht, bessert sich die Stimmung auch nicht. Er betritt mit steinerner Miene den Raum, nimmt wortlos auf seinem Thron Platz und schließt ohne Einleitung seine Augen zur Meditation. Die Sangha knutscht gehorsam den Boden zur Begrüßung und tut es dem Meister nach. Kiki und ich schauen uns fragend an. Schließlich richten auch wir unseren Blick nach innen. Nach einiger Zeit wird die meditative Stille von Kleidergeraschel gestört. Ich tauche aus der Tiefe auf und schaue, was da los ist. Der Guru ist entnervt aufgestanden. „Spielen Sie dieses hier“, befiehlt er Nadeen und drückt ihm sein iPhone in die Hand. Ein knapper Wink zu Amrita. Sie steht hastig auf und folgt Mr. N. G.

---

[40] Konfuzius (chinesischer Philosoph, 551 - 479 v. Chr.).

nach draußen. Die Tür knallt hinter den Beiden zu! Aus den Lautsprechern kriechen scheppernde Töne in den Raum. Bong! Tosch! Schierp! Dräng! Ronk! Geisterhaft wechseln sie sich ab, verbinden sich symbiotisch. Dann steigern sie sich zu einer grässlichen Kakophonie. Zwölftonmusik für Schultafeln und Zahnarztbohrer! Mir dreht sich der Magen um. Die Lautstärke ist grenzwertig, fast unerträglich. Ich habe das Gefühl, dass jemand Glasscherben in meine Ohren schüttet. Terror! Keiner wagt es, aufzustehen. Alle ertragen stumm diese akustische Zumutung. Warum halte ich diesen Quatsch hier bloß aus? Der Gruppenzwang hat mich fest im Griff! Bong! Nach einer gefühlten Ewigkeit hört die Vergewaltigung der Ohren so plötzlich auf, wie sie begonnen hat.

Draußen treffe ich auf eine völlig genervte Kiki. Sie ist außer sich! „Nee, Ik kan niet meer!“ Die Gehörgangfolter hat ihr den Rest gegeben. „A friend of mine called me this afternoon. He told me to leave instantly“, schluchzt sie. „I think, he's right. I can't stay any longer. Ik heb geen kracht meer.“ „Lass uns noch einen Tag warten“, beschwichtige ich sie. „Es ist dunkel und wir wissen nicht, wohin.“ Ich bin dafür, die Flucht sorgfältig zu planen. In diesem skurrilen Theater will auch ich nicht mehr mitspielen. Wir gehen zur abgelegenen Tischtennisplatte, um unsere Ruhe zu haben. Flüsternd besprechen wir unser Vorhaben. „Auf jeden Fall dürfen die anderen nichts davon erfahren. Die bringen es fertig und halten uns hier fest“, phantasiere ich. Ziemlich schräg, das alles! Wieso erleben wir das hier? Gibt es eine Erklärung für unsere Sichtweise? „Hast Du schon einmal darüber nachgedacht, ob das, was wir hier erleben, eine Projektion ist?“, frage ich Kiki. „What?“ Die Arme schaut mich verständnislos an. „Could you imagine that everything we see is only our viewing?“ Ich versuche, ihr meine Reflexionen zu verdeutlichen. Kiki setzt sich auf eine verlassene Holzkiste, ich hocke mich auf den Rasen und fahre fort: „Der Meister hat doch gesagt, dass eine Blume die Welt als eine Blume und Schönheit das Schöne sehe und das Schlechte das Schlechte.“ Demnach können wir nur das sehen, was wir selber in uns tragen. Anders herum, wie kommt N. G. dazu, sich in die

Wahrnehmung einer Blume hineinzuversetzen, geschweige denn zu wissen, was ein abstraktes Konzept wie die Schönheit so sieht? Umfassende Erleuchtung? Eine verdammt bildreiche Sprache! Hat uns dann der honigverströmende Guru gar nicht tantrisch stimuliert und waren die Informationen von Uma eine Fiktion unserer eigenen Bedürfnisse? Nein, nein, Kiki und ich versichern uns, dass wir zu Hause ein erfülltes Liebesleben haben. Nun hat ja schon Urvater Freud postuliert, dass wir Menschen innere Konflikte oder kognitive Dissonanzen in die Außenwelt projizieren. Kiki und ich philosophieren weiter. Nach der psychoanalytischen Sichtweise werden insbesondere innerpsychische Wünsche, Gefühle und Impulse fort vom eigenen Selbst nach außen projiziert, die gesellschaftlichen und erlernten Normen nicht entsprechen. Demnach könnte man auch, findet Kiki, den Guru als Projektionsfläche für seine Schülerinnen sehen. Er steht für die Sexualität, die sie im Alltag nicht ausleben, aber weil er ja ein „Erleuchteter“ sei, ist es nicht nur ok, mit ihm ins Bett zu steigen, sondern sogar eine spirituelle Pflicht – egal, was die bürgerliche Sexualmoral dazu sagt. Mir fällt dazu ein, dass sich die Frauen ja bereits in der 68er-Generation einerseits lustvoll befreien konnten, jedoch andererseits oft ähnlich ausgenutzt wurden. In der Kommune 1 in Berlin brauchte es dazu keinen erleuchteten Guru. „It's so often!“, meint meine holländische Freundin. Die weiblichen Gefolgsleute emotional abhängig zu machen und auszubeuten, scheint in Guru-Kreisen System zu haben. Abgesehen davon, dass auch die männlichen Anhänger gerne zu Sklavendiensten herangezogen werden. Dazu fällt mir sofort das Buch „Roadtrip mit Guru" von Timm Kruse ein. Hier beginnt das Bild des Erleuchteten zu bröckeln, sobald klar wird, dass er seine Ashram-Anhänger und Anhängerinnen in vielfacher Hinsicht nach seinem Belieben ausnutzt und ausnimmt. Ich stimme Kiki zu und mir liegt es fern, jetzt hier die Namen spiritueller Autoritäten aufzuzählen, die uns an dem Abend in den Sinn kommen. Man stößt im Internet schnell auf Fallbeispiele. „Könnte es sein, dass N. G. nur auf die Projektion verweist, um alle Kritik an ihm ad absurdum zu führen?", frage ich. „What?" Wenn seine Theorie stimmen sollte, dann würden wir unser Gegenüber ja immerzu als eine Nachahmung von uns selber erleben. „Look, Kiki. A murderer would see a judge as a murderer and vice versa." Der Mörder sähe also den Richter als Mörder und umgekehrt. Wie wäre dann ein soziales Zusammenleben möglich? „How could we live together with such ideas?" Auf jeden Fall vermute ich, dass Mr. N. G. sich durch diese Sichtweise über jede Kritik erhebt. Wer etwas Schlechtes über ihn sagt, zeige dabei nur das Schlechte, das in ihm selber schlummert. Sehr praktisch. Was für eine solide Abwehr. „Or perhaps this guru is only a faked master", argwöhnt Kiki. „Ja, könnte auch sein", murmel ich. „Do you know Teal Swan, a spiritual teacher from the USA?", fragt Kiki mich nachdenklich. Während ich den Kopf schüttele, fährt sie mit erhobener Stimme fort: „Well, Teal Swan says that many so-called enlightened leaders are only masking their own ego. She met many of them backstage." Aha, also vielfach nur eine meisterhafte Fassade! Ja, über Pseudo-Gurus fand ich bei Ulrich Nitzschke vor nicht langer Zeit ein Zitat von Pyar Troll: „Ein Pseudo-Meister ist eine große Versuchung für Sucher. Er braucht sie, um sich in der Sonne der Anbetung vieler Schüler zu sonnen, um Macht zu erleben, um reich zu werden oder seine Sexualität zu leben. Daher ist er eher bereit, ihre Erwartungen zu erfüllen als ein Meister. Vielleicht sieht er sogar meisterlicher oder heiliger aus, benimmt sich so und spricht so, wie man es von einem Meister erwartet. Wenn ein Schüler, der auf Anerkennung, Zuwendung oder Bestätigung hofft, auf einen solchen Pseudo-Meister trifft, dann ist der Schüler leicht bereit, sich ausnutzen zu lassen."[41] „But why should someone who really is enlightend neglect his human emotions and needs?", sinniert Kiki. „Ja, stimmt", antworte ich. „Aber irgendwie stehen heilige Menschen stellvertretend für die Überwindung von Bedürfnissen wie Liebe, Geld, Essen." Viele spirituell Suchende würden diese Bedürf-

[41] Troll, Pyar in Ulrich Nitzschke (2014). Revolution im Spiri-Land. Die Erleuchtung wird entzaubert. S. 84. Bielefeld: tao.de.

nisse gerne hinter sich lassen, resümieren wir. Sie wünschen sich einen Meister, der dieses Ideal schon erreicht hat, laufen aber in Wirklichkeit vor dem Leben und seinen Schwierigkeiten davon. Zeigt uns nicht ein wahrhaft Erwachter, wie man lustvoll im Fluss des Lebens schwimmt? Guru N.G. hat das für sich schon gut heraus gefunden – aber eben auf Kosten anderer. Seine spirituelle Entwicklung ist offenbar seiner charakterlichen Entwicklung voraus.

Morgen werden wir uns diesem sinnlosen Machtspiel noch fügen. Am Tag darauf brechen wir in aller Frühe auf. Es ist spät geworden. Als wir uns in der Dunkelheit auf den Rückweg machen, können wir eine weibliche Silhouette aus des Meisters Haus huschen sehen. Ich könnte schwören, dass es Mohini ist. So schnell habe ich sie noch nie erlebt. Will sie etwa nicht entdeckt werden?

Kapitel 19 - Des Gurus Bodysm oder Sat-Chid-Ananda?[42]

Alle Menschen spielen,
doch nur die Weisen sind sich des Spiels bewusst!

Sechs Uhr morgens. Der Wecker klingelt. Ich bin immer noch hier. Ein weiterer Akt des Guru-Dramas wartet auf mich. Wurde es mir als Karma-Drama auferlegt? Heute ist der Geburtstag von Bhakti. Sie ist die Letzte, die auf der Yoga-Wiese erscheint. Mit einem Geburtstagsständchen wird Bhakti von der Gruppe begrüßt. Hoch soll sie leben! Das gefällt ihr. Beim gemeinsamen Frühstück ist sie total aufgeregt: Sie gestikuliert theatralisch und säuselt blumig: „Liebe ist überall! In euch, im Sonnenlicht, in den Blumen, in den Wolken ..." In der Serviette, im Rührei, in den 17 Vogelarten, die es hier laut Reiseführer geben soll, ergänze ich im Stillen. „Oh ja, Liebe", haucht Nala unterdessen. Ihr Einwurf unterbricht meine innere Aufzählung abrupt. Ich schaue zu ihr. Wie die Schlange Kaa im Dschungelbuch starrt sie hypnotisiert zu Mr. N. G.s Unterkunft. Ihre Augen sind glasig. Dann stöhnt sie hingebungsvoll, seufzt tief, noch tiefer, wird lauter, noch lauter. Spielt sie jetzt die Szene aus Harry und Sally nach? Ihr ganzer Körper zittert. Nun fängt sie an zu weinen,

---

[42] Sanskrit: Sein, Bewusstsein, Glückseligkeit.

den Blick immer noch auf den Balkon des Meisters gerichtet. Sind das jetzt hier Quantenverschränkungen mit Bhakti oder hat Nala ein Erweckungserlebnis? Gibt es psychopharmakologische Ursachen, vielleicht sogar bewusstseinserweiternde Substanzen wie Ecstasy, ein bisschen Marihuana oder magische Pilze? Ich entziehe mich dieser Fragestellung durch einen raschen Rückzug in den Meditationsraum und überlasse die Tranceverlorenen sich selber. Schon bevor N. G. zum Satsang den Raum betritt, sitze ich mit geschlossenen Augen dort und meditiere. Plötzlich blitzt die Erinnerung an einen meiner früheren Meditationslehrer auf. Er hat mir einst erklärt, dass das menschliche Bewusstsein einem See gleiche, dessen Oberfläche durch unruhige Wellen aufgewühlt ist. Die Wellen stehen für unsere unaufhörlichen, unzähligen Gedanken und Gefühle. Kommen diese zur Ruhe, werde das Bewusstsein klar und man könne, wie bei einem stillen See, bis auf den tiefsten Grund schauen. Dort können wir die klare und unbegrenzte, lichtvolle Natur des Bewusstseins, die unser wahres Wesen ausmacht, erkennen. Jetzt sinke ich tief in eine allumfassende Wahrnehmung hinein, es wird immer ruhiger in mir, die Stille umhüllt mich, bis der nächste Gedanke wahllos an mir vorbeizieht. In einem Gefühl von friedvollem Sein genieße ich eine glückselige, innere Geborgenheit. Nach geraumer Zeit öffne ich langsam meine Augen. Der Meister sitzt bereits auf seinem

Thron. Er trägt ein geöffnetes Hemd, das seine wohltrainierte Männerbrust hervorschimmern lässt. Ach nein, es ist ein Tuch, das er über seine Brust gelegt hat. Irritiert schließe ich die Augen, um gleich darauf neugierig zu blinzeln. Erstaunt nehme ich wahr, dass N. G. das Tuch langsam abstreift. Hammer! Er stellt seinen gebräunten Body reizvoll zur Schau. Auf der Stelle schließe ich die Augen erneut. Habe ich gerade tatsächlich seinen nackten Oberkörper gesehen? Ich will nicht in den Sog dieses starken Mannes hineingeraten, darum beschließe ich, mich wieder ganz der Meditation zu widmen. Also tief einatmen, tief ausatmen, ein und aus, ein und aus. Ich zähle eins, zwei …, bis ein Gedanke kommt, und fange von vorne wieder an zu zählen. Es geht mir schließlich um meine Befreiung aus dem karmischen Rad, meine bewusstseinsvolle Wahrheit ... Irgendwann verlässt N. G. den Raum. Etwas später erhalten auch wir die Erlaubnis, zu gehen, so dass ich es zaghaft wage, die Augen wieder zu öffnen.

Vor der Tür fängt mich das Geburtstagskind Bhakti ab. „Hast du heute vielleicht zwei Stunden Zeit für mich?“ Mit großen Augen schaut sie mich an. Überrascht bleibe ich stehen. „Wofür?“, erwidere ich neugierig. „Ich würde gerne mit dir in Cinigiano über den Markt gehen.“ Wie bitte? Es ist Sonntag, ihr Geburtstag, wir kennen uns kaum und sie will meine Begleitung? Verstehe ich nicht. Warum fragt sie nicht ihre Freundinnen? Mittlerweile bin ich so misstrauisch, dass ich gleich den Meister hinter der Bitte vermute. Welche Fäden mag er hier ziehen? „Tut mir leid“, antworte ich Bhakti, „ich bin mit Kiki verabredet.“ Obwohl das nicht wirklich stimmt. „Was habt ihr denn vor?“, will sie sofort wissen. Schon wieder ein Verhör. Bislang haben wir für heute noch gar nichts geplant. Aber eins steht zum jetzigen Zeitpunkt für mich fest: Ohne Kiki geht gar nichts mehr. Gegen diese N. G. - Sektengemeinde sind wir ein verschworenes Team. „Ach, äh …“, haspele ich, „wir wollen etwas zusammen unternehmen.“ Sehr originell. Was besseres fällt mir nicht ein. „Tut mir echt leid“, wiederhole ich und lasse sie verwundert stehen. Wo ist Kiki? Natürlich, sie zelebriert bereits unser Schaukelritual. „Believe me or not, Bhakti wants me to go out with her“, rufe ich Kiki entgegen. „What?“ Kiki hält die Schaukelbewegung an. „Ja, Bhakti will mit mir zum Markt nach Cinigiano. Und das an ihrem Geburtstag!“ „Merkwaardig. Strange, very strange“, findet meine Freundin und beginnt wieder zu schaukeln. „I really can't understand this! Why didn't she ask Tara?“ „Weiß ich nicht“, antworte ich ihr. Kiki schaut nachdenklich in den Himmel und meint: „I tell you what, Mohini asked me as well again to go out with her.“ Während ich immer noch ratlos neben der Schaukel stehe und unmerklich meine Schultern anspanne, spekuliert sie, dass N. G. hinter dieser Geschichte stecken könnte: „Perhaps he wants to seperate us." Will er uns wirklich trennen? Meine Phantasien von perfiden Verschwörungen werden abrupt durch Kikis Frage unterbrochen: „Did you see how he dressed today?" Er hatte ja nicht wirklich etwas an. „So what? Also, was denn?", frage ich sie neugierig. „Heet! A transparent silk trousers and a brighten scarf. And then he was stripped to the waist. Zeer sexy!" Nun ja, die total durchsichtige Seidenhose habe ich nicht gesehen, aber das leuchtende Tuch über seinem Oberkörper schon. Das Tuch hat er ja dann später fallen gelassen. „I had to look at him! All the time! Hij echt een lust voor het oog was." Kiki konnte ihren Blick einfach nicht von dieser Augenweide abwenden. „Suddenly I had to think of this song where this boy is the cutest guy in town. You know? Soya was sitting next to me. Oh boy, she was so nervous, so jittery!" Offensichtlich ist mir da eine handfeste Guru-Erfahrung durch die Lappen gegangen. So sei es! Ich bin froh, dem Schleier der Maya, der Weltenweberin und indischen Göttin der Illusion, entkommen zu sein. „When he left, he played the music on his handy." Meine Freundin beschreibt mir detailliert, wie der Meister würdevoll mit nacktem Oberkörper den Raum verlassen hat, in der Hand sein Handy, aus dem die Abschlussmusik ertönte. „He had it in his hand all the time. So ridiculous", lacht sie. Was für eine Inszenierung. Ach Kiki, sein Auftritt hat dich geflasht. Well done, Mr. N. G.! Chapeau!

Kapitel 20 - Orakel und Drama im Samsara

„Ein einziger Grundsatz wird dir Mut geben,
nämlich der Grundsatz,
daß kein Übel ewig währt,
ja nicht einmal sehr lange dauern kann."[43]

Let's go to the pool", schlägt Kiki vor. Der Pool ist momentan keineswegs freigegeben. N. G. könntet jeden Moment kommen! Unsere Revolte ist wieder im vollen Gange. Meuterei auf der Bounty macht einfach Spaß und wir folgen nur noch unserer Lust. Gegen alle Regeln schwimmen wir unsere Runden. Tolles Gefühl! Freiheit! Freiheit! Freiheit! Liegt diese starke und lebensvolle Erfahrung womöglich doch an der Weisheit des Gurus? Tritt er bewusst als spiritueller Tyrann auf, damit seine Schüler lernen, dagegen aufzubegehren und sich zu befreien? Dann schauspielert er sehr überzeugend! Doch im Meer des Quantenuniversums ist alles möglich, sinniere ich. Wir erleben hier eine On-Off-Befreiung aus den Verwicklungen des Samsaras: In der Meditation gelingt der Ausstieg, doch im Drumherum des Retreats stecken wir umso tiefer drin. Die Intensität der Gefühle nimmt zu. Freude lässt sich freudiger erfahren, Frust wirkt noch frustrierender. Ist das der Preis für die meditative Befreiung? Und wie können wir auf dem

[43] Epikur von Samos (griechischer Philosoph, 341-271 v. Chr.).

geschäftigen Marktplatz des Lebens unbeteiligte Zeuginnen des illusionären Spiels bleiben? Eine Frage, die ich mir schon immer gestellt habe und die sich hier besonders stark aufdrängt. Mittlerweile liegen wir auf den gurureservierten Sonnenstühlen am Rande des Pools. Laut zitiere ich einen Sinnspruch von Khalil Gibran: „Wahrhaft frei werdet ihr nicht dann sein, wenn eure Tage ohne eine Sorge und eure Nächte ohne ein Bedürfnis oder einen Kummer sind, sondern vielmehr, wenn diese Dinge euer Leben umfassen und ihr euch dennoch nackt und ungebunden über sie erhebt."[44] Also Befreiung im achtsamen Annehmen dessen, was gegeben ist! „Yes, my dear. That's true!", antwortet zustimmend meine weise Freundin. „It's only the moment that matters!" Na dann! Genussvoll räkeln wir uns den flirrenden Sonnenstrahlen entgegen. Ewige Zeitlosigkeit! Für eine Weile grillen und wenden wir unsere physische Inkarnation. Schweißtreibend – unverschämt anstrengend! Boah! Jetzt klopft auch noch seichte Langeweile an unsere neuronalen Pforten. „Forget acceptance! Have a tarot card", schlägt Kiki plötzlich vor und zieht aus ihrem bunten Hippie-Beutel ein Tarot-Spiel heraus. In dem Begleitbuch dazu habe ich bereits auf der Rückfahrt von Montalcino herumgelesen. Dann verteilt sie die runden Karten auf ihrer Liege. „Let us draw together", meint die

[44] Gibran, Khalil (2002). Giovanni und Ditte Bandini (Übers.). Der Prophet. S. 60. München: dtv.

Gute und führt meine linke Hand über die verdeckten Bilder. „Now?“, frage ich. „Yes!“ Und wir wenden die gewählte Karte. „Wow, it's The Hierophant“, staunt Kiki. Ich schlage die Erläuterung im Motherpeace Tarot-Buch[45] nach. „Why is it in German?“, frage ich Kiki und sie erzählt, dass dies ein Geburtstagsgeschenk von ihrer Schwester gewesen sei. „She brought it with her from Germany.“ Laut beginne ich vorzulesen: „Der Hierophant! Von der Wurzel her bedeutet ‚Hierophant': einer, der heilige Dinge ans Licht bringt.“ „Mmh.“ „Der Hierophant repräsentiert die hierarchische Seite der Religion und steht daher auf einem Podest: über der Erde, erhaben über die gewöhnlichen Leute“, zitiere ich. Seine Autorität geht insbesondere zurück „auf die Unterdrückung der Frauen sowie der durch sie versinnbildlichten natürlichen Instinkte.“ „Oh“, entfährt es Kiki. „Ja, und hier steht geschrieben, dass der Hierophant den direkten Zugang zum heiligen Wissen verbiete, er staue die spirituelle Energie des Wassers. Und das Wasser stehe für das Weibliche, für Empfindungen und Gefühle.“ Nachdenklich lese ich weiter: „Frauen, die einst mit erhobenen Armen in direktem Kontakt mit der Mutter[46] standen, müssen nun vor dem Hierophanten niederknien …“ „It's the same here, at the retreat“, entfährt es Kiki.

[45] Noble, Vicki (1987). Mythen, Musen und Tarot. Motherpeace, ein Weg zur Göttin. New York: Harper & Row. S. 63f. Deutsche Übersetzung: München: Verlag Frauenoffensive.

[46] Der Göttin, Anmerkung von Lena.

Ja, und dann heißt es noch: „Wenn der Hierophant in deinem Blatt erscheint, wirst du wahrscheinlich in irgendeiner Form mit konventioneller Moral und patriarchalen Gesetzen konfrontiert." Für einen Moment halte ich inne. Die Karte passt. Sie spiegelt unsere Situation mit dem Guru, der sich wie der Hierophant zwischen uns und unsere Handlungsfreiheit geschoben hat. Ich fahre fort: „Andererseits kannst auch du genau wie beim Herrscher der Hierophant sein." „Why?", will Kiki wissen. „Hier steht …", verlese ich mit energischer Stimme: „Willst du vielleicht ein ‚gutes Mädchen' oder ein, guter Junge' sein? Dich den Regeln und Gesetzen anpassen, auch wenn sie deinem inneren Selbst zuwider sind?" „Nee, nee", empört sich Kiki. „In diesem Moment handelst du konventionell oder programmiert – mehr aus deiner Konditionierung heraus als aus deinen wahren Gefühlen vom Herzen her", schreibt die Autorin. Und der Rat der Karte ist: „Versuche herauszufinden, welche Regeln zu brechen du Angst hast, und schau, ob du entdecken kannst, wer dich bestraft, falls du es tust." Das sitzt! Kiki packt nachdenklich die Karten ein „Acceptance, Kiki? Alles ist, wie es ist. Let's go out!", schlage ich vor. Nickend greift meine Freundin nach ihrer Tasche und springt hoch. Rumms! Ihre Liege gerät aus dem Gleichgewicht und klappt zusammen. Fast wäre sie ins Becken gefallen. Was jetzt? Schnaufend und ohne die gekippte Misere zu richten, rennt Kiki zum

Auto. Während sie an der Guru-Villa vorbeiläuft, streckt die Freiheitskämpferin einen Arm nach oben und brüllt: „I'm so free!“ Lachend laufe ich hinter ihr her. Beim Einsteigen beschließen wir, in Cinigiano zu Mittag zu essen.

In Kikis Leihwagen fahren wir die bergige Straße zum Außentor des Seminargeländes hoch. Auf halbem Wege treffen wir auf die Kellnerin Annabella. Sie kämpft sich den steilen Weg zu Fuß hinauf. Kiki hält an, um sie mitzunehmen. „Shall we take you with us?“, ruft sie der jungen Italienerin zu. Annabella schüttelt scheu den Kopf und setzt ihren Weg fort. Durch unseren Zwischenhalt steht unser Auto jetzt in einer erheblichen Schräglage am Hang. Kiki lässt den Motor an, die Reifen drehen durch. Wir kommen nicht mehr vorwärts. Die Gute versucht es noch einmal. Wieder nichts! Bei jedem Versuch rutschen wir immer mehr rückwärts den Berg hinunter. Einige Meter hinter uns geht die Bergflanke in einen Steilhang über, der fast senkrecht ins Tal fällt. Auha! „Warte“, bitte ich Kiki mit bebender Stimme. Sie stoppt und ich rufe hinter Annabella her: „Assistenza, per favore!“ Sie erkennt unsere Situation und eilt herbei. Schnell streife ich meine Sandalen ab und steige aus. Während Kiki am Steuer sitzt, schieben wir den Wagen an. Immer wieder rutscht das Auto zurück und drängt uns Richtung Abgrund. Die Angst steigt, Adrenalin durchflutet meinen Körper. An Aufgeben ist nicht zu denken! Plötzlich macht der Wagen einen Ruck nach vorne. Kiki fährt los. Annabella und ich laufen hinterher. Nach wenigen Metern hält sie an. „Come in, my dear", lacht sie mir erleichtert zu. Ich setze mich ebenso erleichtert neben sie. Kiki lässt den Motor wieder an. Die Räder drehen durch. Der Wagen schlittert nach hinten. Shit, hier ist es noch steiler! Zu steil für unser leichtes Fahrzeug. Rückwärts rollen wir den Berg hinab, vorbei an der entsetzten Annabella. Kiki tritt mit aller Kraft auf die Bremse. Es nützt nichts. Immer weiter geht es abwärts, erst rückwärts, dann auch noch seitlich rutschend. Der Rand des Abhangs kommt näher und näher. „God, sta me bij!", kreischt Kiki. Dann geht eine Erschütterung durch den Wagen, ich pralle gegen die Armaturen. Der knorrige Stamm eines Olivenbaumes hat uns vorerst zum Halten gebracht. Dahinter klaffen etwa zwanzig Meter freier Fall. Der Fiat ruckelt bedrohlich, als könne er sich nicht entscheiden, ob er hier wirklich stehen bleiben will. Wir halten den Atem an und wagen uns kaum zu bewegen. Sekunden ziehen wie Äonen vorüber. Nichts passiert, wir rutschen nicht weiter. „Are you ok, Kiki?", flüstere ich. Sie nickt, ohne das Lenkrad loszulassen. Ihre Hände scheinen mit dem Wagen verschmolzen zu sein. Auch ich bin mit meinem Sitz verwachsen, unfähig, mich zu rühren. Starke Gefühle klammern sich an mich: Todesangst, Beklemmung, Ohnmacht. Und doch ist da etwas in mir, das von dem Ganzen nicht berührt wird. Eine stille Zeugin, die gelassen von einer Metaebene aus zuschaut. Losgelöst von Zeit, Raum und der Vergänglichkeit im Samsara. Alles ist, wie es ist, und entsteht in diesem Moment. Immer genau jetzt und jetzt und jetzt und schließlich sehen wir, wie uns von oben ein roter Alfa Romeo entgegenkommt. Das Fahrzeug hält bei uns an. Der Fahrer steigt aus. Er kommt mir sofort bekannt vor. Es ist Giovanni, der feurige Barbetreiber. Liefert er neue Weinflaschen für den Speisesaal an? Er erkennt augenblicklich unsere dramatische Lage. Ich taste mich vorsichtig aus dem Auto. Kiki bleibt sitzen. „Ciao, bella“, ruft mir Giovanni zwinkernd zu. „Che cosa e?“, will er wissen. Ohne eine Antwort abzuwarten, packt er seine starken Hände auf unseren Kofferraum. Ich tue es ihm nach. „No, no, no, bella“, sagt er zu mir und schiebt mich beiseite. „Uno, due, tre!“ Und Kiki lässt den Motor an. Der Wagen hopst wieder nach vorne. Kiki kann weiterfahren. Diesmal hält sie erst an, als sie eine halbwegs ebene Stelle erreicht hat. Derweil nimmt mich Giovanni in den Arm, drückt mir einen Kuss auf jede Wange und ist schon wieder in seinem Auto. Annabella hat sich offenbar aus dem Staub gemacht. Erleichtert laufe ich den steilen Weg hoch zu Kiki, atemlos steige ich zu ihr ins Auto. Kiki stellt den Motor aus, sie ist erschöpft und leichenblass. „What an experience!“, räsoniere ich. Meine Freundin schüttelt stumm den Kopf. Eine Viertelstunde vergeht ohne Worte. Dann steigt Kiki aus dem Auto. Draußen macht sie ein paar Dehnübungen und atmet tief durch. Dann holt sie etwas Obst aus dem Kofferraum. Auch beim Apfelessen schweigen wir. „Let us drive back and start again", schlägt Kiki schließlich vor. „Klar", stimme ich ihr zu. Wir fahren den Berg hinunter zum Parkplatz. Dort treffen wir auf Uma, die auf uns zugelaufen kommt. „Sagt mal, fahrt ihr zufällig ins Dorf?" „Ja, wir wollen nach Cinigiano", antworte ich ihr leicht benebelt. „Könnt ihr mir vielleicht etwas Käse mitbringen? Ich vermisse den hier einfach." „Yes", erwidert Kiki ebenfalls noch angeschlagen. „Anything else?" „Nein, nein das reicht", winkt Uma ab. „Aber die hier könnt ihr bestimmt gebrauchen." Und schon reicht sie uns durch das geöffnete Autofenster eine Decke. Während ich sie verwirrt nach hinten lege, kurbelt meine Freundin die Scheibe wieder hoch und fährt los. Uma winkt uns hinterher. Warum die Decke? Hat Uma unser Steilhang-Drama beobachtet und vorsorglich eine Bergungsdecke organisiert, um unsere Überreste einzuhüllen? Schulterzuckend mache ich das Radio an. Dort spielen sie den Song über dieses kalifornische Hotel, wo man jederzeit auschecken kann, ohne es jemals wieder verlassen zu können! Irritiert blicke ich zu Kiki und ein merklicher Schauer durchflutet meinen Körper. Am Vortag habe ich sie noch gefragt, ob sie die Lyrics kenne. Ich kam darauf, weil sich das Seminarzentrum für mich ähnlich beklemmend anfühlt. Was für ein Orakel!

Kapitel 21 - Leben im Dolce und Vita

„Der wahre Lehrer (Guru) ist das Leben selbst ...
Es gibt keine festen Regeln dafür, wie es zu einer
Erleuchtung kommen sollte.
Das Problem mit den vorgefassten Meinungen über diesen ach
so begehrten Gral der Wahrheit und die Verpackung,
in der er geliefert werden sollte, besteht darin,
dass solche Vorstellungen den Suchenden daran hindern zu
sehen, dass die Befreiung, nach der er sucht,
immer völlig gegenwärtig und augenblicklich
zugänglich ist."[47]

Das Erlebte hallt noch in uns nach, als wir in Richtung Cinigiano fahren. In der Sangha erwähnen sie das Dorf häufig, weil sie dort Spezialitäten für den Guru besorgen. Wir sind jeder mit unseren eigenen Eindrücken beschäftigt. Nach fünf Kilometern auf der Landstraße stoßen wir auf einen Kreisverkehr. Kiki biegt ein. Gleich rechts passieren wir die erste Abzweigung, dann die nächste, die dritte und schließlich die vierte Ausfahrt. „Hey, von da kommen wir doch!", rufe ich. „Ja, ja!", bestätigt Kiki. Also noch eine Runde. Mit den Nasen an der Windschutzscheibe halten wir mal wieder Ausschau nach einem Wegweiser. Doch keine einzige Abbiegung ist ausgeschildert. Und noch eine Runde! Wie im Karussel! Meine Freundin hat

[47] Hartong, Leo (2006). Stephan Schuhmacher (Übers.). Zum Traum erwachen. Winterthur: Ed. Spuren.

ihre Lebensgeister wiedergefunden und fängt an zu glucksen. „Yeah“, jubelt sie und fährt erneut herum und noch einmal. „We drive around, round round round “, chantet Kiki lauthals, „round, round, round ...“ Mir wird mittlerweile übel. „I can’t go ’round anymore“, stöhne ich und würde am liebsten aus dem Samsara-Kreisverkehr ins Nirwana flüchten. Doch Kiki ist unerbittlich und dreht noch eine Runde. Schon greife ich nach einer Tüte, als sie plötzlich das Lenkrad herumreißt und in den nächsten Abzweig schlittert. „Kwäää!“, quietschen die Reifen und Kiki gibt Gas. „Romms!“, machen kurz darauf die Bremsen im nächsten Dorf. Kiki hält vor der örtlichen polizia und schaut mich an: „Better you go because I’m stoned“, prustet sie heraus. „No, it’s better when you go, I’m still drunken“, erwidere ich lallend. Kiki kriegt sich nicht wieder ein, öffnet die Tür und fällt fast heraus. Wir beide halten uns den Bauch vor Lachen, als wir in die Polizeistation stolpern. Ein charmanter vigile fragt besorgt nach unserem Anliegen. „He’s so nice and pretty, I will ask him to arrest me“, flüstert Kiki. Ich stupse sie in die Seite und ergreife schnell das Wort: „Dove e Cinigiano, per favore?“ Der vigile strahlt apollinisch, es ist ihm offenbar eine Freude, uns den Weg zu weisen. Augenzwinkernd trällert er zum Abschied: „Una bella giornata!“, und schnell reiße ich Kiki mit, die gerade noch dabei ist, dem Sheriff einen Kussmund zuzuwerfen. Johlend laufen wir zum Auto zurück. Wir wenden und fahren Richtung Kreisverkehr. Der zweite Abzweig ist der richtige. Kiki fährt daran vorbei und dreht noch drei weitere Runden, ehe sie dort einbiegt. Mein Bauch tut schon wieder weh von dem ganzen Spaß. Gut gelaunt kommen wir in Cinigiano an. Wir sind so hungrig, dass wir als Erstes eine Trattoria suchen. „Kijk hier!" Kiki zeigt auf ein kleines Café, dessen Schild agricoltura biologica verkündet. Wir nehmen auf der Außenterrasse unter einem großen Sonnenschirm Platz. Zum Mittagessen bestellen wir Fisch und gut gekühltes birra und schlagen erneut die vorgeschriebene Askese in den Wind. Vergnügt phantasieren wir, dass gleich Mr. N. G. um die Ecke kommt, um sich selbst ein Bier zu holen. „I already sense him", qietscht Kiki. „Me too", kichere ich zurück. Das Essen schmeckt fantastisch, das kühle Bier tut gut. Während wir vergangene Liebesromanzen austauschen, verfließt langsam der Mittag. Gegen drei Uhr kommt Maria, die Besitzerin des Biocafés, zu uns. „Resta." Sie lädt uns ein, sitzen zu bleiben, während sie zu einem Termin los muss „Tutto bene!" Gerne nehmen wir das Angebot an. Wir bleiben noch eine halbe Stunde sitzen, bevor wir weiterziehen. Die Piazza des Dorfes ist eine sattgrüne Rasenfläche und verführt uns zum Müßiggang. „Wollen wir uns hier hinlegen?", frage ich meine Freundin. „Oh yes, lovely idea! Let's take the blanket out of the car!", begeistert sich Kiki und holt die Decke aus dem Auto. Dafür hat also die gute Uma sie uns mitgegeben. Eine wahrhaft einfühlsame Seele. Wie hellsichtig von ihr. Wir breiten uns auf dem Rasen aus und genießen das Nichtstun. Nach einiger Zeit zieht Kiki ein Buch aus ihrer Tasche und liest mir laut vor: „Alle Buddhas und alle fühlenden Wesen sind nichts als Ein Geist, außer dem nichts existiert. Dieser Geist, der ohne Anfang ist, ist ungeboren und unzerstörbar. Er ist nicht grün und nicht gelb, und er hat weder Form noch Erscheinung. Er gehört nicht zu den Kategorien der Dinge, die existieren oder nicht existieren, noch kann man ihm Begriffe wie ‚neu' oder ‚alt' beilegen. Er ist weder lang noch kurz, weder groß noch klein, denn er geht über alle Grenzen, Maße, Namen, Spuren und Vergleiche hinaus. Erwache einfach zu diesem Einen Geist."[48] „Klar." Nickend strahle ich meine Freundin an. „Sì, sì", antwortet sie und statt erleuchtungsgemäß zu erwachen, gähnen wir uns verständnisvoll zu und versinken geradewegs in einen wohligen Mittagsschlaf. „La dolce vita", nuschelt Kiki noch vor sich hin, ehe sie wegdämmert. Geweckt werden wir von spielenden Kindern um uns herum. Mittlerweile hat sich der zuvor leere Platz mit Menschen jeden Alters gefüllt und wir befinden uns inmitten des Dorftreibens. Was für ein schönes Lebensgefühl! Kiki steht auf und besorgt uns Eis von der kleinen Gelateria gegenüber. Lecker! Übrigens ein

---

[48] Zen-Meister Huang-Po aus Wilber,Ken (2001). Einfach „Das". Tagebuch eines ereignisreichen Jahres. S. 35. Frankfurt am Main: Fischer.

Wort, welches Niederländer vielfältig benutzen: lekker Gardine, lekker Mädchen, lekker Auto ... Schon lachen wir wieder. Wundervolle Leichtigkeit! Wir schwelgen ohne Wollen und Suchen. Spielerisch geben wir uns dem poetischen Fluss des Lebens hin. Ort und Zeitpunkt stimmen, der Augenblick ist perfekt. Halleluja: Willkommen im Hier und Jetzt! „Verweile doch, du bist so schön!“ Ach, könnten wir diesen Augenblick festhalten und ihn mit all den vielen ruhelosen und suchenden Seelen teilen. Doch wie schon einst Goethe feststellte, funktioniert es nicht den Moment zu konservieren. Alles ist einfach nur, wie es sein soll. Ein Kommen und Gehen, ein Fließen und Verebben. Dennoch kommt die Idee auf: Wir könnten einen Film über dieses Retreat drehen oder ein Buch schreiben, à la „Eat, Pray, Love“. „Wie heißt noch einmal diese tolle amerikanische Schauspielerin? Nicht Julia Roberts“, frage ich aus dem Nichts heraus Kiki. „Die, die auch bei Mama Mia mitgespielt hat und in Brücken am Fluss?“ Mittlerweile scheinen wir so miteinander verbunden zu sein, dass Kiki sofort erwidert, sie wüsste ganz genau, wen ich meine, ihr falle aber der Name nicht ein. „I will be the first“, entgegnet sie feixend und besteht darauf, als Erste darauf zu kommen. Ihr Lachen steckt mich immer wieder an. Wie wundervoll es ist, solch eine Freundin an der Seite zu haben! „Meryl Streep“, kreischt sie. „Genau“, rufe ich. Schon wieder erfüllt unser Gelächter das italienische Dörfchen.

„We'll give her a role", bestimmt Kiki. „Klar", nicke ich. „Wir müssen noch den Käse für Uma kaufen", fällt mir schließlich ein. „Let's go." Und Kiki steht prompt auf. Gemütlich schlendern wir durch die kleine Ladenzone. In einem Schaufenster sehe ich wunderschöne handgemachte Flaschen mit Olivenöl aus der Region. Spontan habe ich Lust, eine für das Geburtstagskind mitzunehmen. Wir besorgen auch den gewünschten Käse und Wasserflaschen für uns. An der Kasse entdecke ich einzelne Baci: eine unwiderstehliche italienische Leckerei mit Schokolade und Nüssen. „Lass uns die als Abschiedsgeschenk für die Gruppe mitnehmen", schlage ich Kiki vor, „für jeden eine." „They won't eat them", vermutet Kiki, stimmt dann aber zu: „Yes, but why not. This would be nice." Irgendwie ist das ja auch eine Anspielung auf die SMS von Tara. Ob sie später diesen Wink verstehen wird? Auf der Suche nach einer Abschiedskarte für die Gruppe entdecken wir in dem Geschäft nebenan ein schönes, rosa gesprenkeltes Briefpapier. Als wir es kaufen wollen, schenkt uns die Verkäuferin augenzwinkernd einen Briefbogen. Unsere Freude scheint die Menschen um uns herum in Resonanz zu bringen. Oder ist es umgekehrt? Jedenfalls blicken wir die ganze Zeit in friedliche und herzlich strahlende Gesichter.

Ein Blick auf die Uhr treibt uns zum Rückweg. Immerhin haben wir uns vorgenommen, pünktlich zum

Satsang anwesend zu sein. Im Auto telefoniere ich mit Miro und erzähle ihm von den Machenschaften des Meisters. Als ich das Gespräch beende, kommt uns jäh ein schwarzes Mini-Cabrio in rasendem Tempo entgegen. Wuuusch! Wir zucken zusammen. „Is he insane?!", schimpft Kiki. Auf diesen kurvenreichen, engen Gebirgsstraßen ist achtsames Fahren angesagt. Meine Freundin weicht diesem verrückten Rennfahrer in letzter Sekunde aus. In diesem Moment entdecken wir N. G. am Steuer. Seine Gesichtszüge sind starr vor Anspannung, der Blick geht ins Leere. Uns hat er gar nicht wahrgenommen. Klar, das ist sein Mietwagen, der ständig von Nadeen gebohnert wird. „Warum fährt der in die entgegengesetzte Richtung?", frage ich verständnislos. „And why is he in a hurry?", ergänzt Kiki. Der Satsang soll bereits in einer halben Stunde beginnen. Rätselnd fahren wir weiter. Sucht er uns womöglich? Hat Uma ihm gesagt, wohin wir fahren wollten? Als wir auf dem Gelände ankommen, ist der Exklusiv-Parkplatz des Meisters direkt an der Terrasse des Haupthauses leer. Keine Ahnung, wann der rasende Guru zurückkehren wird – wenn überhaupt, bei diesem Fahrstil. Auf einem Campingstuhl sitzt Nadeen und wartet auf die Rückkehr des Meisters, um ihm, wie immer, beim Aussteigen Ehre zu erweisen. Immerhin erfüllt er das hohe Amt, dem Meister die Autotür zu öffnen und anschließend den Wagen richtig einzuparken. Für den Fall, dass es regnet, hält

Nadeen immer einen Schirm bereit. Der Guru darf unter keinen Umständen nass werden. „Let's take this parking place", schlage ich Kiki vor. Glucksend fährt sie direkt auf den heiligen Parkplatz. Romms! Wir werden spontan erleuchtet (oder auch nicht). Nadeens Augen weiten sich ungläubig. Er springt alarmiert auf, bereit, das Sakrileg zu verteidigen. Wir winken ihm fröhlich. Kiki fasst sich an die Stirn, als wäre ihr spontan unser Irrtum aufgefallen. Sie setzt behutsam zurück. Der getreue Nadeen lässt sich beruhigt auf seinen Sitzplatz sinken. Mit einem Ruck fährt Kiki wieder auf den Parkplatz und schaltet den Motor aus. Nadeen fällt halb vom Stuhl. Ich im Auto auch, vor Lachen. „Was soll das?!" Wild gestikulierend kommt Mr. N. G.s Leibdiener auf uns zu. Ohne die Fensterscheiben herunterzulassen, wirft Kiki den Motor wieder an und lässt den Wagen zurückspringen. Mit kreischenden Reifen nimmt sie die Kurve und fährt auf unseren Stammparkplatz. Wir blicken uns kurz an, öffnen zeitgleich die Türen und setzen beim Aussteigen betont lässig unsere Sonnenbrillen auf. Unterdessen kehrt Nadeen kopfschüttelnd auf seinen Dienstboten-Klappstuhl zurück. In diesem Moment kommt uns Gita entgegen: „Girls, the Satsang will start one hour later tonight." Und schon rauscht sie wieder davon, ohne weitere Erklärungen. Womöglich sucht der Guru uns immer noch?

Kapitel 22 - Beam me up, Guru

„Wenn die Tore der Wahrnehmung aufgestoßen sind, ist der ganze Kosmos dein verlorener und wiedergefundener Geliebter, das ursprüngliche Antlitz der ursprünglichen Schönheit, von Anbeginn und in alle Ewigkeit."[49]

Eine Stunde später sitzen wir wartend im Meditationsraum, der Meister ist noch nicht zurückgekehrt. Außer Nadeen und Amrita sind alle da. Nadeen hält immer noch am Parkplatz Wacht. Schließlich sind draußen scharf quietschende Bremsen zu hören. Alle Ohren spitzen sich, offensichtlich ist N. G. vorgefahren. Er kommt direkt zu uns rein. Aha, heute Abend eher alltäglich als meisterlich, mit kunstvoll durchlöcherten Jeans und einem lässigen Designer-T-Shirt. Seine Muskeln zeichnen sich absichtsvoll-beiläufig unter dem dünnen Stoff ab. Hinter ihm eine nervös wirkende Amrita und der standhafte Parkplatzhüter, die den schnellen Schritten des Gurus nur mit Mühe folgen können. Der erste suchende Blick des Meisters trifft auf Kiki und mich. Checkt er, ob wir noch da sind? Er atmet durch und nimmt seinen Arbeitsplatz auf dem blumenbekränzten Thron ein. Diesmal verzichtet er darauf, die Hände grüßend vor der Brust zu falten. Wie überaus menschlich! Die Sangha bekommt es nicht mit. Sie sind

---

[49] Wilber,Ken (2001). Einfach „Das". Tagebuch eines ereignisreichen Jahres. S. 117. Frankfurt am Main: Fischer.

mit ihren Köpfen noch nicht wieder aufgetaucht. „Namaste." Der Guru beginnt seinen Satsang. „May there be peace on earth! Friede, Friede, Friede, Shanti!" Das kommt mir bekannt vor. Dann endlich die Abwechslung: „Ist bei Ihnen alles in Ordnung? Sind Sie alle glücklich?" Was für eine ungewöhnliche Frage von ihm. Während ich noch über die Antwort nachdenke, schließt Mr. N. G. schon die Augen und beginnt die Meditation. Warum hat er überhaupt gefragt, wenn er es gar nicht wissen will? Oder braucht ein Erleuchteter keine Antworten mehr? Na gut. Dann schließe eben auch ich die Augen und entspanne mich auf meinem Sitz. Ich fange an, den Film meiner Gedanken zu beobachten, ohne Wertung, ohne ihnen aus dem Weg zu gehen, halte sie nicht fest, beschleunige sie nicht, verlangsame sie nicht. Ich betrachte meinen Herzschlag, die Atmung, den wohligen Rhythmus der Lebensenergie ... Die Gedanken treten allmählich bedeutungslos zurück. Wie ein Mantra höre ich in mir die stillen Worte: Loslassen, lass los, lass los, loslassen ... Die Grenzen meines Körpers lösen sich auf. Ich gleite in einen formlosen Zustand, ruhend im klaren, anstrengungslosen, einfachen und ubiquitären Bewusstsein. Reine Leere, ohne Grenzen, ohne Bindung. Strahlende, gleißende Helligkeit flammt auf. Hingabe. „Ohm Sri Maha Lakshmyai namah ..." Sanfte indische Klänge führen mich zurück in den Meditationsraum. Lakshmi, die Göttin von Fülle, Schönheit, Glück und

Reichtum, wird gepriesen. N. G. lässt genau den Mantra-Chant spielen, den ich mir all die Tage insgeheim gewünscht habe. Es ist mein Lieblingsmeditationslied. Kann er womöglich Gedanken lesen? Meine Panzerung der Vorbehalte schmilzt dahin, ich lasse wirklich los, gebe mich hin, brenne. Ewiges Fließen, die Lotusblüte meines Herzens strahlt der Unendlichkeit entgegen. Transzendenz ... Die letzten Töne der Musik verklingen. Gitas Stimme holt uns zärtlich ins Dasein zurück. „Ihr Lieben, es ist Zeit, aufzubrechen." Häh? Wieso aufbrechen? Es ist doch schon alles aufgebrochen. Schließlich stupst Gita mich vorsichtig an: „Komm, der Satsang ist zu Ende." Ich öffne die Augen und blicke in Lakshmis Gesicht. Freundlich lächelt Gita zurück. Offensichtlich bin ich als Einzige im Meditationsraum sitzen geblieben. „Komm, es wird Zeit." Und die vermeintliche Göttin drängt mich zum Aufstehen. Ich lasse mich von Gita benommen nach draußen geleiten. Vor der Tür wartet Kiki ungeduldig auf mich. „What's going on with you? En toen?", will sie wissen, als Gita in Richtung Haupthaus verschwindet.

„Everything fine, you look so nice", stammele ich. „Lena, come back, word wakker, we've to leave tomorrow! Lena!" Woms! Major Tom hat die Kontrolle wieder. Meine Ich-Identifikation nimmt gekonnt ihren Dienst auf. Aber etwas in mir will hier bleiben, will die Erfahrung der Versenkung vertiefen. „Why will we leave Kiki? Es ist doch total schön hier.“ Immer noch bade ich in einem Meer von grenzenloser Glückseligkeit. „Please, denk eraan what happened 'til now“, flüstert sie mir energisch zu. Nach und nach werden mir die Erlebnisse der letzten Tage wieder präsent. Die Selbstversklavung der Sangha, die egozentrische Arroganz des Gurus, Manipulationen, Verbote, Überwachung ... „Ja, you're right“, erwidere ich ernüchtert. „Aber irgendwie bin ich gerade so wahnsinnig high."

Kapitel 23 - Das letzte Abendmahl

„Es gibt nur Einen Geschmack im ganzen Kosmos,
und dieser Geschmack ist das Göttliche,
ob es im Fleisch, in der Seele oder im Geist aufleuchtet.
(...)
Vom Einen Geschmack gehen alle Dinge aus, zum Einen Geschmack kehren alle Dinge zurück, und dazwischen, im Verrinnen dieses Augenblicks, gibt es nichts als den Traum – und manchmal den Albtraum,
aus dem wir erwachen müssen."[50]

Transzendenzverkatert schlendere ich mit Kiki unter einem funkelnden Sternenhimmel herum. Wir schweigen. Als wir uns dem Haupthaus nähern, hören wir immer deutlicher die Geräusche und das Gemurmel der Sangha. Es wird unser letzter Abend mit ihnen sein. Meine Wehmut verberge ich vor Kiki. Die anderen haben sich bereits auf der Terrasse zum Abendessen versammelt. „Ich muss noch schnell aufs Zimmer, das Geschenk für Bhakti holen", sage ich zu meiner Freundin. Nickend geht sie weiter. Auf dem Zimmer atme ich tief durch, meine Gefühle überraschen mich immer noch. Diesen Abschiedsschmerz hätte ich bis vor ein paar Stunden nicht erwartet. Als ich mit dem Olivenöl herunterkomme, bemerke ich, dass an der Abendtafel für Kiki und mich zwei Plätze am äußersten

50 Wilber,Ken (2001). Einfach „Das". Tagebuch eines ereignisreichen Jahres. S. 8. Frankfurt am Main: Fischer.

Tischende vorgesehen sind. Ein größtmöglicher Abstand zum Guru. Und dieser ist bereits da! Ein abfälliger Blick von Gita zeigt ihr Unverständnis für mein Zuspätkommen. Dem Meister wurde der Showauftritt genommen, als Letzter die Bühne zu betreten. Sorry, gleiches Recht für alle. Hinter dem Rollenspiel des Egos sind wir doch auf elementarster Ebene eins. Haben Sie nicht gerade erst davon gesprochen, Mr. N. G.? Hallo, heute lassen Sie bei Tisch Ihren feschen Chicago-Hut auf und tippen lässig auf Ihrem Handy herum? Wo bleibt das achtsame Gegenwartsbewusstsein? Schulterzuckend gehe ich an Gita vorbei, die jetzt nichts mehr mit Lakshmi gemein hat, direkt auf Bhakti zu. Zu Ehren ihres Jahrestages darf sie neben N. G. sitzen. Mit schwingenden Hüften ignoriere ich ihn und nehme stattdessen Bhakti liebevoll in den Arm: „Happy birthday again und das ist für dich." Dabei überreiche ich ihr die formschöne Flasche. Der Guru schaut aus den Augenwinkeln neugierig und irritiert zu mir. Als sich unsere Blicke begegnen, knistert erneut ein Hauch von Erotik zwischen uns. Etwas zu hektisch schaut der Meister wieder auf sein Handy. Derweil ich mit genussvoller Langsamkeit zu meinem Platz stolziere, spüre ich seine Blicke auf meinem Rücken. „Frieden, Frieden", begrüße ich Kiki und mache das Peace-Zeichen, während ich mich zu ihr setze. „Shanti, Shanti", erwidert sie und prostet mir zu. Dann beginnt das Abendessen. Alle anderen werden schneller bedient als wir. Offenbar wurde auch den Bediensteten unser Status als gefallene Engel mitgeteilt. Schmunzelnd betrachten wir die Szene. Immer wieder prosten wir uns zu: „Frieden!“ „Op de liefte!“ „May there be love!“ Wir setzen uns in Szene. Die anderen geben sich Mühe, nicht in unsere Richtung zu schauen. „Auf die Liebe!“ „Shanti, Shanti, Shanti!“ Plötzlich blickt der Meister von seinem Handy auf und verkündet mit lauter Stimme: „Natascha kommt endlich!“ Natascha? Ach ja, seine 24-jährige Geliebte aus Russland. „Am Donnerstag!“ So, so, in drei Tagen, die werde ich nicht mehr kennenlernen. Kleng! Shandana ist die Gabel heruntergefallen. Während sie sich danach bückt, steht Kamala auf und läuft wie eine Irre ins Haus, Amrita schnäuzt sich plötzlich die Nase, Mohini wird leichenblass. „Kümmern Sie sich sofort um eine Zugverbindung“, fordert der Meister Gita auf. Es ist mittlerweile kurz nach 23 Uhr. „Schnell, schnell beeilen Sie sich. Von Rom nach Giuncanico. Ab 16:00 Uhr.“ „Ja, geliebter Guru.“ Ergeben führt sie den meisterlichen Befehl aus. Sie holt hastig ihr Handy aus der Tasche und schaut die Zugzeiten im Internet nach. Mit devot zitternder Stimme liest Gita dem Meister die Verbindungen vor: „Abreise von Roma Termini um 16:12 Uhr, Ankunft in Giuncanico gegen 18:23 Uhr oder 16:57 von Rom, 18:30 Uhr in Giuncanico.“ Nüchterne Zahlenreihen werden mit religiöser Ehrfurcht vorgelesen. Mr. N. G. gibt sie per Handy an seine 30 Jahre jüngere Freundin weiter.

Der Rest der Sangha guckt dem Geschehen ehrfurchtsvoll zu. Wortlos schauen Kiki und ich uns an. Grinsend legt der Guru sein Handy beiseite und wirft uns einen triumphierenden Blick zu. Plötzlich steht Nadeen auf und tritt an Mr. N. G. heran: „Meister, ist es für Sie in Ordnung, wenn ich meine CD-Anlage nach draußen hole?“ Der Guru zieht seine Augenbrauen nach oben. Nadeen senkt unterwürfig den Blick. „Es ist für Bhakti, etwas Tanzmusik.“ „Ja, machen Sie nur“, antwortet N. G. und wedelt lässig mit der Hand herum. Dann nickt er Soya zu, die hektisch aufsteht und in der Eile fast stolpert, um ihrem Mr. Nice Guy nahe zu sein. Ohne eine Anordnung abzuwarten, legt sie ihre zarten Hände auf seine erhabenen Schultern und beginnt, diese mit rhythmisch kreisenden Bewegungen zu verwöhnen. Nun lässt sie ihre gespreizten Finger über den Rücken des omnipotenten Gurus rauf und runter gleiten. Derweil hält dieser seine Augen genussvoll geschlossen. Meine Hochgefühle sind angesichts der meisterlichen Allüren einer kompletten Ernüchterung gewichen. „Kiki“, flüstere ich ihr zu, „lass uns morgen um halb sieben aufbrechen. Just before Yoga. So that we don't meet the others.“ Kiki nickt zustimmend. Ich bin müde und mit einer kurzen Umarmung verabschiede ich mich von ihr. Den anderen winke ich ein buona notte zu. Es ist jetzt wieder stimmig für mich, so früh wie möglich zu gehen und das Gelände für immer zu verlassen.

Kapitel 24 - Drop out!

Der Lebensfluss sucht sich seinen Weg!

Auf dem Zimmer packe ich meine Sachen zusammen. Die Baci-Konfekte für die Sangha arrangiere ich auf einem Teller und schmücke sie mit den Lavendelblüten von meinem Fensterbrett. Auf dem rosafarbenen Briefpapier aus Cinigiano wünsche ich der Gruppe auch im Namen von Kiki eine gute Zeit, sowie Tattva Viveka.[51] Wie gerne würde ich Sie einladen aufzustehen, sich ganz dem Lebensfluss hinzugeben und den wahren Guru in sich selbst zu finden. Ist es nicht die Aufgabe eines spirituellen Lehrers diesen Weg zur Unabhängigkeit aufzuzeigen, frei von geistigen Begrenzungen? Warum ermutigt der Guru die Sangha nicht, die geschlossene Faust zu öffnen, in der eh nur Luft gefangen gehalten wird. Stattdessen sind seine Anhänger an ihn gebunden, ihr Boot liegt fest vor Anker und dümpelt vor sich hin. Ihre Entscheidung.

Meine Nacht ist unruhig und kurz. Bereits gegen fünf Uhr morgens bin ich wach, ans Weiterschlafen ist nicht mehr zu denken. Also stehe ich auf, dusche und sammel den Rest meiner Sachen ein. So leise wie möglich trage ich den Koffer durch das Haus. Glücklicherweise schla-

---

[51] Sanskrit: Die Wahrheit von der Illusion zu unterscheiden.

fen alle noch. Den Süßigkeiten-Teller und den Brief drapiere ich auf dem Küchentisch. Dann geht es nach draußen. Mein Herz schlägt schnell, meine Hände werden feucht. Ich fühle mich gehetzt, als ob ich auf der Flucht wäre, und irgendwie bin ich es auch. Die toskanische Sonne lugt bereits hinter einem Bergrücken hervor. Nur eine einsame Katze ist auf dem Seminargelände unterwegs. Endlich kommt Kiki vorgefahren. Sie ist spät dran. Plötzlich, in dem Moment, als ich einsteigen will, steht Amrita im Yoga-Outfit neben mir. „Waarheen? Wo wollt ihr hin?", fragt sie uns mit großen Augen. Kiki antwortet auf Holländisch. Kurz und knapp teilt sie ihr unsere Abreise mit. „Hé daar", bittet Amrita uns, „wacht, een moment, wartet doch, sprecht erst mit dem Meister." Ihre Stimme zittert. Doch ohne weiter auf ihr Bitten einzugehen, mache ich die Autotür zu. Entschlossen fahren wir los. Während wir die Serpentinen hochfahren, flüstert Kiki plötzlich: „Hij maakte me gisteravond wakker, he woke me up in the night. His hands tenderly touched my feet." „Häh?", fällt mir dazu nur ein. „Und dann strich er über meine Oberschenkel", fährt sie auf Englisch fort. „Wie bitte?", setze ich mit großen Augen nach und halte den Atem an. „Von dort wanderte seine Hand", schwärmt Kiki mit einem Blick zu mir, „über meinen Rücken ... .Irgendwann küsste er meinen Nacken." Sprachlos starre ich meine Freundin an. Doch die stöhnt nun ekstatisch: „ ... Marihuana-Rauchkringel und duftendes Kokosnussöl ..." Und dann prustet sie los: „ ... surrounded our nacked bodies!" Kiki wiehert aus vollem Halse. „Stop it, Friede, Friede, Friede!", flehe ich sie luftholend an. „Hey, don't you know that Charlie Chaplin said in a letter to his daughter Geraldine: your naked body should belong only to those who fall in love with your naked soul?" „Ja, und?" „No g-spot enlightenment with a holy man!", jubelt Kiki befreiend! In der Tat sind wir den Versuchen des Meisters entronnen, uns an seinem Honigtopf zu laben – und kleben zu bleiben. Beim Verlassen des Geländes bleiben wir an dem schmiedeeisernen Eingangstor noch einmal stehen. Hier befindet sich das Einladungsschild des Retreats mit der dicken Aufschrift „Drop in Freedom". Wir steigen aus. Unsere Blicke verharren für einen Moment auf dem Einladungsspruch. Innere Freiheit haben wir genossen, äußere Freiheit nicht. Gemeinsam schreien wir unseren eigenen Slogan in den Himmel hinaus: „Out of Prison!" Lachend schreiben wir diese Worte mit riesigen Großbuchstaben auf ein DIN A 4-Blatt und lassen es am Eingang zurück.

Im Autoradio erwacht just in diesem Moment Bob Marley. Der Rastafari-Botschafter gibt uns seine zeitlose Weisheit mit auf den Weg:

… feel free!

„Es gibt ein wundervolles Spiel

Es gibt ein Spiel, das wir spielen sollten,
und es geht so:
Wir halten uns bei den Händen und
schauen uns dabei in die Augen
und lesen in unseren Gesichtern.
Dann sage ich:
‚Nun sage mir einen Unterschied,
den du zwischen uns siehst.'
Und du könntest antworten:
‚Hafiz, deine Nase ist zehnmal größer als meine!'
Dann würde ich antworten:
‚Ja, meine Liebe, fast zehnmal!'
Aber lass uns weiterspielen,
lass uns in die Tiefe gehen,
tiefer gehen.
Denn wenn wir das machen,
werden sich unsere Seelen umarmen
und verweben.
Unsere Vereinigung wird so herrlich sein,
dass nicht einmal Gott
uns auseinanderhalten können wird.

Es gibt ein wundervolles Spiel,
das wir mit allen spielen sollten!
Und es geht so…"[52]

[52] Hafiz (persischer Dichter, 1320-1389).

Nachwort

Was für ein Sommer!

Die Erfahrungen im Retreat waren absurd und skurril, doch zugleich auch ein Training für unsere Selbstfürsorge. Zu verdanken haben wir diesen Impuls nicht der Anleitung des besagten Gurus, sondern der bewussten und intensiven Hingabe an den toskanischen Lebensatem. Die Begegnung mit diesem populären Guru möchten wir dennoch nicht missen, hat sie uns doch einen Einblick in die banalen Mechanismen von Manipulation und Selbstvermarktung ermöglicht.

Insgesamt sind wir betroffen über die bedingungslose Ergebenheit der Retreat-Teilnehmer*innen. Sie zeigten uns, dass sie zu allem bereit waren, um diesem Mann zu gefallen.

Allerdings soll dem Guru nicht abgesprochen werden, dass er über gewisse spirituelle Erfahrungen mit höheren Bewusstseinsebenen verfügt. Diese instrumentalisiert der Meister allerdings für die Erfüllung egozentrischer Bedürfnisse. So offenbart sich in seinem selbstverliebten Guru-Spiel eine alarmierende Diskrepanz zwischen spiritueller und charakterlicher Entwicklung. Die Schüler*innen wenden sich vertrauensvoll als Suchende an ihn, sie öffnen sich für seine Weisheiten und geben bereitwillig einen Teil ihrer Autonomie ab. Durch dieses regressive Verhalten fixieren sie sich auf die Vaterfigur des Gurus und glauben sich in ihn zu verlieben. Dies macht sich der Meister exzessiv zu Nutze: Er lässt sich bewundern, um seinen Narzissmus zu befriedigen. Er kommandiert seine Schüler*innen herum und kann so die absolute Kontrolle genießen. Und er benutzt seine Schülerinnen für seine sexuellen Machtspiele.

Innerhalb der Sangha scheint sein Verhalten durch tiefere Einsichten motiviert und legitimiert zu sein. Der Meister wird in jeder Hinsicht als vollkommen erachtet und seine moralisch-ethische Fragwürdigkeit wird nicht wahrgenommen. Dadurch kann eine tiefgreifende emotionale Verletzlichkeit entstehen, die jedem professionellen Lehrer bekannt sein sollte. Eine Lehrer-Schüler-Beziehung ist zwangsläufig asymmetrisch. Mit dieser Asymmetrie geht die besondere Verantwortung des Lehrers einher, seine Position gegenüber dem Schüler nicht auszunutzen.

Der patriarchale Guru hingegen gibt die Verantwortung an seine Liebesdienerinnen ab. Nach wiederholten sexuellen Begegnungen beendet er in der Regel den körperlichen Kontakt mit der Begründung, die Schülerinnen müssten sich im Loslassen üben. Ihre emotionale Abhängigkeit negiert und übersieht er. Die Betroffenen kommen durch diesen Missbrauch vom Meister nur selten los und opfern sich stattdessen als willige Schülerinnen auf, die alles für ihn tun, um wieder in seine Gunst zu kommen. Dieser Effekt steht konträr zum gepredigten Loslassen. Der verhängnisvoll-attraktive Guru ist ein meisterlicher Verführer, dem wir zu unserem (gebuchten) Glück durch das toskanische dolce vita entkommen sind.

Es gibt ein wundervolles Spiel –
lasst es uns spielen!